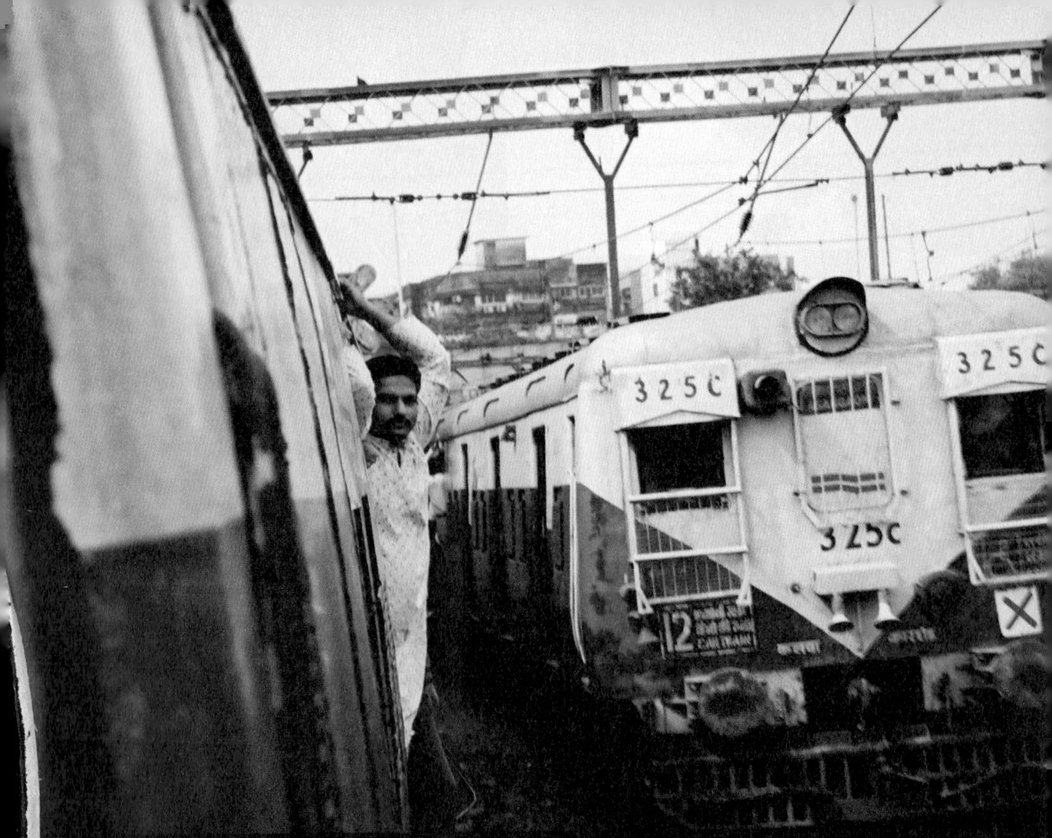
325C
325C
325C

1	2 3 4 5 6

1 城市一角：隨處可見的垃圾。
2 印度火車，同時具有迷人與駭人之處。
3 與破爛共容，也是一種了不起的生活方式。
4 你也想來一顆，充滿印度風味的檳榔嗎？
5「拜託，給我點錢吧！？」「只要一塊錢就好…」
6 他是睡著了，還是…？

1

2

皮隔絕於鐵門外，
付學習渴慕好奇但
決乏機會的孩子們。
「老師，我知道！」

GREAT

Give, and it will be given to you. A good measure, pressed down, shaken together, running over, will be put into your lap; for the measure you give will be the measure you get back. (LK 6.38)
Cheques can be drawn on "OLPS Church Repairs and Renovation"

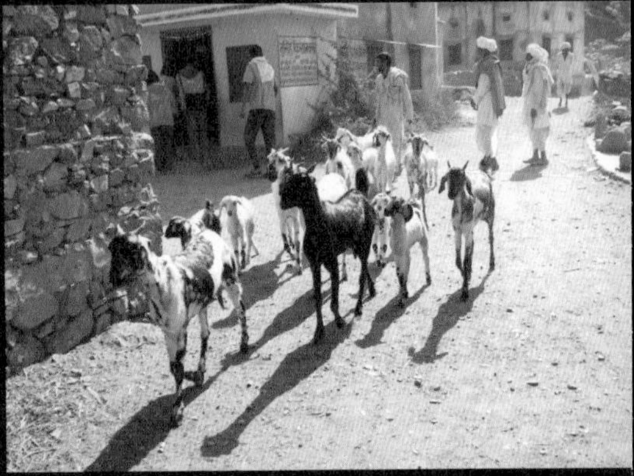

1	2	3
	4	5
	6	7

1「拯救童年運動」的創辦人凱拉許。
2「你們要給人，就必有給你們的，並且用十足的升斗，連搖帶按，上尖下流地倒在你們懷裡；因為你們用甚麼量器量給人，也必用甚麼量器量給你們。」〔路六 38〕
3 受教育與玩遊戲的權利是一樣重要喔！
4「童工之家」的創辦人，蘇美妲，正在幫孩子們慶祝生日。
5 印度鄉村田園生活的緩慢步調。
6 鄉村學校半戶外的教室，孩子們正向我們投以好奇的眼光。
7 剛被搶救出來遷徙途中的人們。

किसी मंदिर में पहुँच कर,

सिर को झुका देना॥

...श को आसरा देना।

...र्च चुका देना॥

...बादत है।

...बादत है॥

...रखा देना।

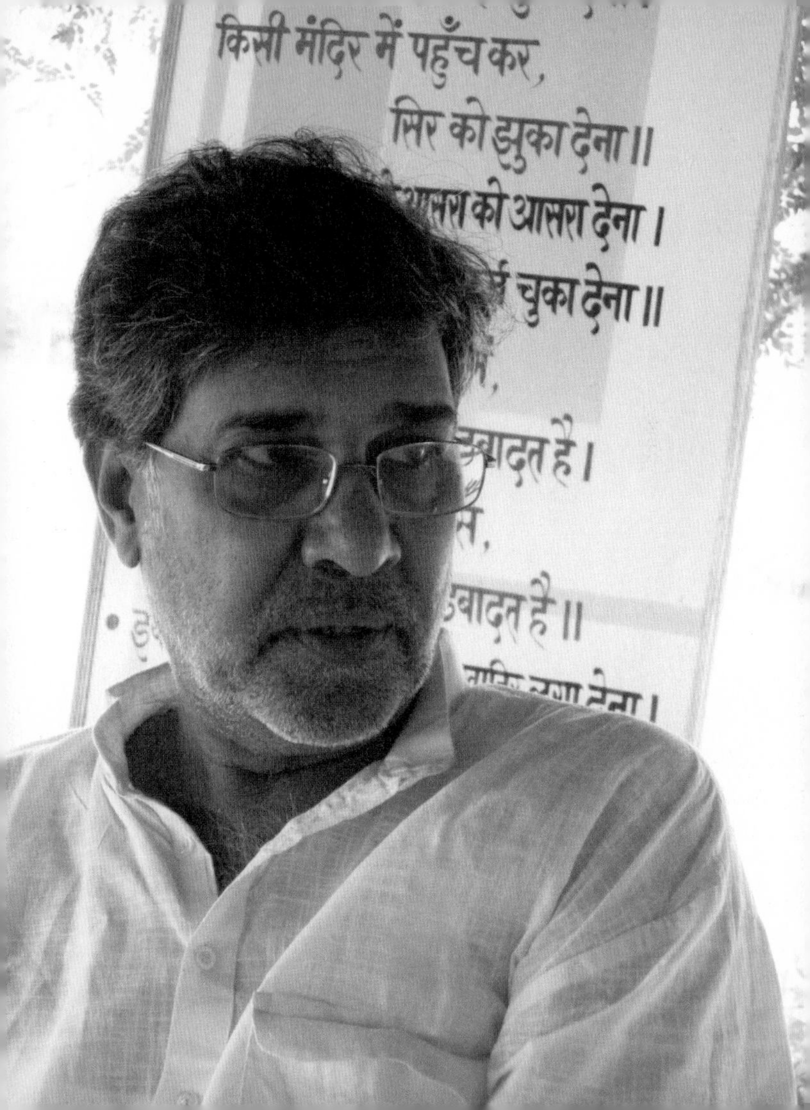

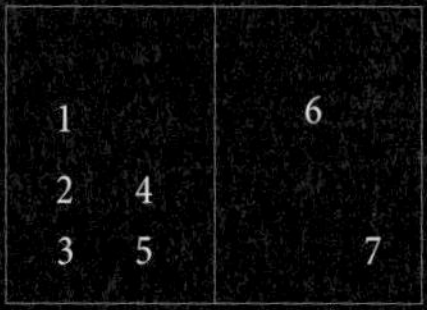

1 倚在計程車旁要錢的街童女孩。
2 孟買最大的人工洗衣場。
3 戴小帽的伊斯蘭教男人。
4 塑膠布頂、鐵皮牆壁是貧民窟典型的生活環境。
5 人人都想要有個遮風避雨的家。
6 高樓平房、貧富差距的對比。
7 隨地而坐、在路邊乞討的婆婆。

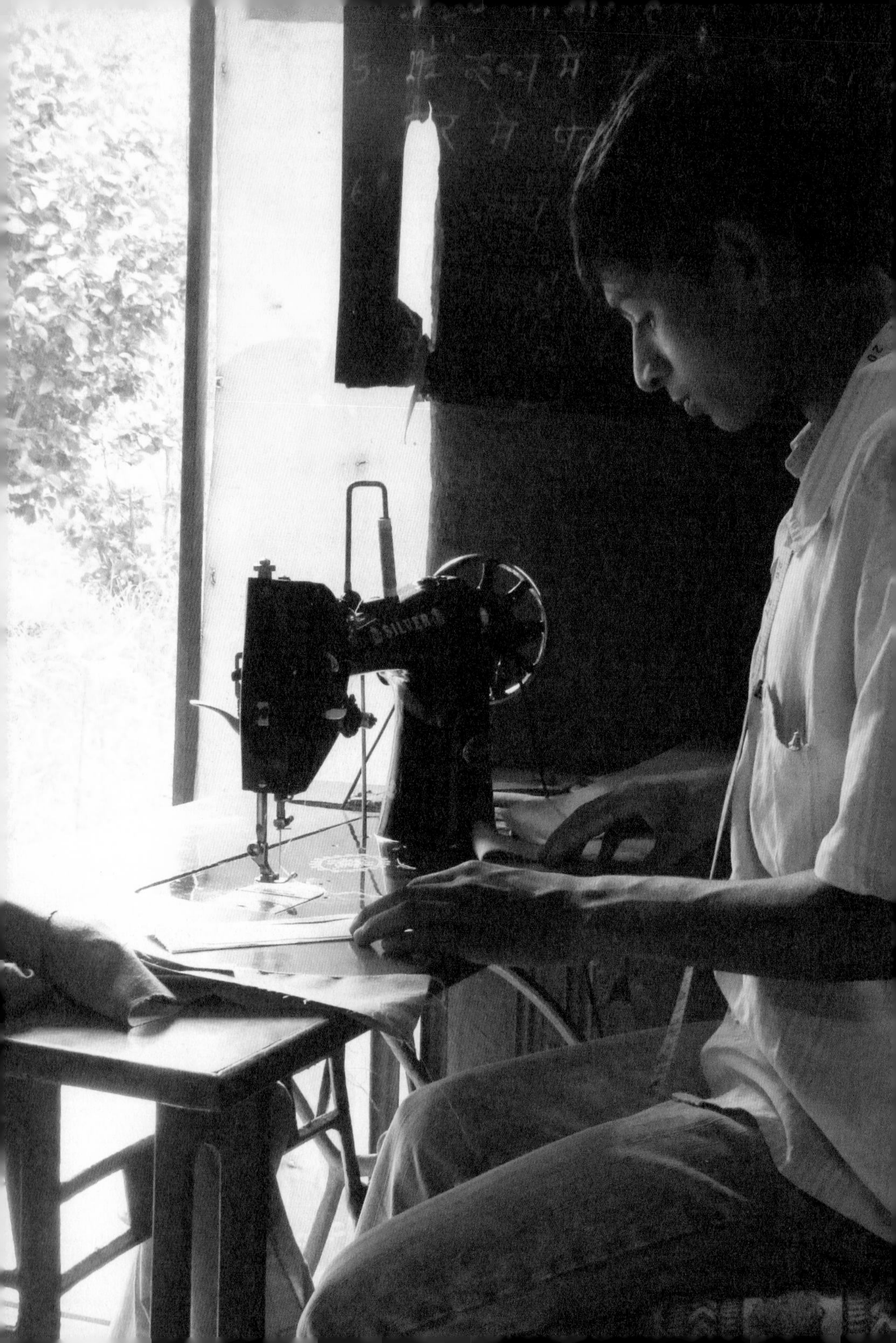
SILVER

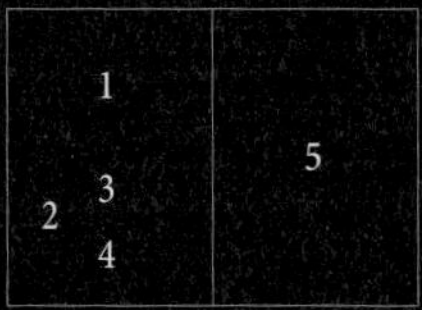

1 對婦女來說，能工作已是得來不易的幸福。
2 一起完成地毯編織。
3 只要一台，就能創造無限可能，將想像化為實際的美麗圖案。
4 各式各樣、色彩繽紛的布料。
5 童工之家中，正在受縫紉職業訓練的大孩子。

特別感謝

封面攝影｜潘麗婧

攝影｜賴志遠、林雨樵、林蕙芬、吳宗欣、陳彥錡、洪志瑋、連庭萱

◎因為提供者眾多一時找不到攝影者名字，在此也特別感謝你們，
若是您發現自己的作品在其中，也請與我們聯絡。謝謝！

連絡方式｜wake@wake.org.tw

追尋角落的
微光

目錄

街友

推薦序

左右擺頭

政大英文系講師　伍軒宏

第一次有人跟我說，在印度有些地方，搖頭的動作可以表示同意的意思，我還以爲那是開玩笑。尤其是在學校口試的重要場合，委員中有人猛搖頭，你難免緊張，以爲自己的回答有什麼謬誤？即使事後被告知，搖頭不是反對，而是贊同，當時心裡仍然充滿懷疑：真的還是假的呀？一直到自己踏上印度的土地，親身經歷搖頭稱是的狀況，才相信搖頭的另類意涵。

不應該說搖頭，說是「左右擺頭」比較貼切，如同敏淑在書中提到的。

從左右擺頭講起，只是想說，印度是很不一樣的地方，常常衝擊旅人感受，重劃「異質界線」。每當碰到不知如何解釋的狀況時，人們會說：「這就是印度！」當地人也免不了如此。

西邊的孟買是祭拜象神甘尼許之地，每次想到象神，就想起「盲人摸象」是來自印度的故事，無論教派。我去過商業都會孟買，靈修之地普納，南部的科技大城班加羅爾，古城麥索，山城烏堤，最南邊、歐亞混搭風格的柯欽，還有文化重鎮加爾各答，經驗大部分是好的，少部分是壞的，但都只是蜻蜓點水，印度還是謎團，是沒有統合的多樣體。因爲印度總有辦法提醒我，你只是盲人摸象而已。

《追尋角落的微光》是敏淑的印度之旅。不是佛斯特的文人之旅，也不是奈波爾的「另類返鄉」之旅，敏淑的旅程以志工角度切入，不求全貌，不迷戀真相，意在尋找希望。雖然不只是一般旅人，她在書中所提及，不認得路的計程車司機、「沙摩莎」炸物、「多莎」餅、多層火車臥舖、總是在半夜到站出站的陸空交通、印度檳榔等等，是旅人都會碰到，倍感親切的細節。

她感覺到印度人用手進食，「和食物的距離比我們更接近」；她也注意到「印度的教育注重邏輯與修辭」，善於巧妙運用語文，啓迪開光。

然而，菁英份子說得頭頭是道，爲什麼社會卻百廢待興呢？

重要的，是參與、介入。

《追尋角落的微光》的核心之一，是非政府組織「拯救童年運動」的故事。從敏淑的觀點，我們看到印度人的努力，試圖解開「文盲」、「貧窮」、「童工」互爲因果的連結。也看到台灣志工的參與和學習，跟「拯救童年運動」共同推動「友善兒童村莊計畫」。另一方面，敏淑也告訴我們，身份如「幽靈」、來自賤民或低種姓的街友，是如何產生的。沒有地址的他們，在「無法」保護的地帶，即使生在德里，也無法算是德里人。

志工團體有任務要完成，要解決嚴肅問題，聽起來是那麼公事公辦。但任務的背後，靠深深的人情支撐，人情就是故事。雖然只是幾則片段、不完整的故事，本書介紹一群真實而鮮活的人物：知識青年凱拉許當年為什麼會創辦「拯救童年運動」，被命運起伏擺弄的阿修克，加入街友倡權團體的蒙蘇。《追尋角落的微光》淺淺訴說他們的故事，具體呈現試圖翻轉現狀的力量，在印度的大地。

比之於其他我教過的學生，敏淑選擇了一條很不一樣的路。投身志工，走進青海、新疆、甘肅，走進印度。我沒有問過她為什麼如此選擇，因為感覺到她是很願意付出的人。那可能就是原因，那就夠了。

敏淑寫說，「印度，總有一種魔力，奇形怪狀的困難明明就比其他地方多上千萬倍，可因此在人心裡激發的堅不可摧的能量和意志卻也堅強千萬倍。來到這裡，即使什麼都沒做，只是全然的沈浸其中，離開時卻也像曾到能量源頭加持過一般，全身充滿了不可思議的動力。」

左右擺頭。

—推薦序—

給自己一個挑戰

微客　朱永祥

這段時間去了外地一趟，想要思索未來的方向，在街頭和路人聊天的時候，發現一個有趣的聯想，如今就和諸位一同分享吧。

最近正流行著一個新名詞……叫做「微元素」。

微元素：生活當中的衣食住行，只要與「微」有關都稱之爲「微元素」。現代的生活正是由無數個「微元素」所組成的。

微博：一個類似於推特和臉書的混合體，常看到台灣藝人使用它作爲對外發表言論的窗口。

微電影：用手機、相機或是電腦視訊隨手（或刻意）拍攝的極短影片，然後上傳社群網站，方便大家轉載欣賞傳遞訊息，非常適合在短時間觀看，內容主題包羅萬象。

微沙龍：不定期組織小型分享會，邀請同好者參加，交流心得，拓展交際圈。內容不限，如旅遊、交友、音樂、電影、休閒……等不同主題活動！

微生活：讓大家瞭解並接受生活中的「微元素」，發現並體會其中的「微幸福」，這就是「微生活」。

微時代：當這個時代充滿了「微博」、「微電影」、「微感受」……，我們不得不承認我們已經進入了「微時代」。

微客行動：以參與公益活動爲主，有針對時下熱門議題，如反核四、保護濕地等發起街頭遊行，或支援災區、資助貧童、海外國際志工參與等。

這就是「微時代」，而走在這個時代尖端的人，就是「微客」！

如今你是否擁有獨特的「微態度」，是否獲得令人羨慕的「微生活」，是否願意給自己一個選擇，加入這場「微時尙」，又是否給自己一個挑戰，參與一段未曾經歷過的「微客行動」？

或許「微客」沒辦法在這個世界上做什麼偉大的事情，但是卻可以帶著偉大的愛做一些小事。又或者是，我們只不過是彼此之間一個微小的過客，但我們相信可以成就偉大的事情。

有人說他去印度看到美麗泰姬瑪哈陵的大理石宮殿，但「微客」卻看到印度有超過六千八百多萬個被無情雇主剝削的童工；

有人說他去柬埔寨看到壯麗的吳哥窟，但「微客」卻看到柬埔寨滿街的愛滋病童；

有人說去新疆看到廣闊的大草原，但「微客」卻看到大地的孩子想要讀書，卻沒有機會；

有人說他去甘肅看到無邊無際的騰格里沙漠，但「微客」卻看到大漠裡的孩子想要喝一杯水，卻比登天還難；

每個人都用自己的角度看這個世界，但我們看到的是什麼？

我是微客，那你呢？

—楔子— 兩個世界

想借用赫塞《徬徨少年時》裡兩個世界的概念。

都已經老大不小了，卻還一直像是徘徊在兩個世界。

台灣，對我而言是充滿舒適的寶島，但卻覺得離自己的內心世界好遙遠。只能靠著書本和更深刻的東西對話，平常的生活，很安逸卻無法真正流進心裡。

去到偏遠的地方、幽暗之處，卻可以明白的看見發出微光的力量存在。

一邊屬於光明美好，一邊偏向於晦暗不明。明明前者是自己認同的根源所在，但每當踏入另一個世界，總有一種叛逆冒險的意味。這兩個世界看起來雖然彼此分隔，實際上是緊密相鄰的一體兩面。人都有一些分裂的特質，我想我必須去探索那另一面的世界，不斷的涉入爾後離開，藉此看到被打開的自己，帶著追尋的意味與成分。

《流浪者之歌》裡的悉達多，要的似乎是覺醒和究極的領悟，那我呢？

到了印度以後，才發現，或許我要的再也不是一個終極的答案，而是透過這些經歷去拼湊和淘洗出本質。「真正的答案總不會明白的寫在牆上，它只隱晦的出現在你追尋的過程中，你得以耐心和智慧去看出它的意義，或許很偶然的，可以瞥見真理流星劃過星空所留下的微弱光芒。」在印度的日子裡，我在日記本上這麼對自己說。

看了好多，和許多人談了話，接近到靠近底層的地方，目睹了赤裸裸的殘酷現實，但也同時見證人們被苦難所激發的潛能。光是遠遠目測就能感到的沉重。我沒有自傲到覺得可以拯救一切，反而是更清楚自己能守護的範圍，依著本能的去了解那些人們身上所背負的歷史痕跡和社會脈絡，如何的影響他們，而不僅僅只是觀察著表面。

我仍然深信，只要是我們見過的事，不論以何種形式，我們都能超出自我去觀想和思考，進而產生改變的動力。不願茫然的被武斷偏頗、或麻木無鑑別性的框架所束縛住，我把經歷的故事記錄下來，希望帶給你們一些更多面的認識。

文化衝擊。

對立的東西一定是互相抵銷的力量而無法共存嗎？
當傳統和現代、貧窮和富有、潔淨和骯髒等衝突的意象，
都如此赤裸裸地展現它們的面貌，
我決定理性不再是唯一的答案，
願意給自己多一點空間和寬容去探尋。

混亂

僅僅只是四十分鐘的車程，就讓我們認知到，原來秩序一直是人為的產物，而混亂才是事物的本質。

旅人帶著自己的過往與期待來到陌生的國家，一頭栽進異文化的脈絡中，究竟是爲了認識那裡，還是認清自己，更或許，是一直在天平的兩端上找尋平衡。

總覺得從當地人口中獲取的資訊會比自己淺薄的觀察來得更直接而深入，但身旁的計程車司機卻不會說英文，不管問什麼，他都只會咧嘴而笑的回答：「是的，女士。」那牙齒與他黝黑的膚色對比，更加突顯其潔白無瑕。當笑容嘎然而止，他的注意力回到前方的道路和車輛。我從旁看著他的側臉，那輪廓深刻的臉，鼻子倨傲的挺拔，眼睫毛濃密而捲翹，卻掩蓋不了從瞳孔深處流洩而出的空洞，還有那類似無奈的東西。

書上曾說，通常以司機爲職業的人都是文盲，我好奇他怎麼看我們，但疑問卻因爲語言的隔閡，只能被迫凝結在空中。

車子駛離機場，開上了快速道路，一開始好像沒有什麼特別之處：道路筆直寬敞，兩旁和分隔島中還種了行道樹，爲城市增添一點綠意。但我很快的發現，剛剛的情景只是假象，真實的印度在眼前展開：新畫好的分道線顏色還清晰明亮，對於橫衝直撞的車輛卻沒有任何規範作用，彷彿只是哪個孩子在地上的胡亂塗鴉。明明只有四線車道，並排競速的車子卻有六輛之多，更甭提用機車改裝加頂的嘟嘟車，是如何死命的見縫就鑽，車速快的好像在趕投胎一般，但每每感覺只差幾公分就要撞上時，卻又能駕駛自如的閃開。

我們的車子，也在這場激戰中奮力向前。一下左彎，一會兒右拐，或突踩剎車，當我們的脾胃都快被甩出來，心臟砰砰跳的同時，轉頭一看，身旁的司機仍神色自若，甚至還有節奏感的按起喇叭，回應車窗外那些此起彼落的喇叭聲。感官在頃刻被過多的噪音和晃動侵襲，沒有任何喘息的時間和空間。這印度，在旅人一踏進之際，就明明白白的彰顯其性格，若不明所以，還以爲是在向我們挑釁。

正當要習慣且屈服於印度交通的混亂之時，擾人認知的景像又再次衝擊了我們。路邊，一根根要作爲快速道路基底的大柱子按固定間距聳立，這是進步與建設的徵兆。但在施工處後方的牆角，雜草叢生，水泥灰的底色襯著染上塵埃的綠和乾枯的黃，一座又一座的塑膠棚子顫巍巍的搭起，好像隨時都會垮下。有些人，甚至僅蓋著破洞百出的毯子，就這樣面向馬路大喇喇的睡著。從車內向窗外望，街邊，沒穿褲子的孩子當眾便溺，而穿著體面從旁經過的路人卻無動於衷，繼續面無表情的匆忙趕路。

被關在車子裡，隔絕於車子以外的世界，我們是外來人的身分變得更明顯，但同時也被保護得很安全。車子旁若無人的繼續前進，那些對比的畫面也退到了視線之外，但接續映於眼前的影像，卻同樣的不可思議。在馬路上看到牛群神態自若的坐在大街上，而那些原本開起車來作風狠勁的駕駛們，竟紛紛將車速慢下，緩緩的繞過神聖的牛隻。不久之後，更有象伕騎著大象加入馬路的車陣中，我捏捏雙頰、揉揉眼，確認自己不是在夢裡，也不是坐在六福村野生動物園區的遊園車上。看著屬於大自然裡的動物，在奔忙的馬路上一派優遊自在的活動著，好像又跟剛剛的體驗完全連接不起來。

這，就是印度的奇妙之處。僅僅只是四十分鐘的車程，就讓我們認知到，原來秩序一直是人爲的產物，而混亂才是事物的本質。

在文明的價值體系裡，混亂一直是帶有負面含意的辭彙。我們從小就要學習把外在的事物安排的井然有序。對於知識，也要納入分類的系統中，才能方便存取與掌控，達到效率的要求。解決問題時，更要理性的用科學方法，找到關鍵的切入點，去解構和分析事情。思考、說話、做事，在在都要有次序才能安心。當習慣了秩序世界之後，是來到印度，才打破這一切假設，意識到自己對世界認識的狹隘。

對立的東西，一定是互相抵銷而無法共存嗎？當傳統和現代、貧窮和富有、潔淨和骯髒等衝突的意象，都如此赤裸裸地展現它們的面貌，我決定理性不再是唯一的答案，願意給自己多一點空間和寬容去探尋。

有了這樣的認知後，也才終於可以放下包袱，承認自己內心的混亂，願意面對那些陰影和掙扎。好像是一面用力感受，同時也抽離正處在印度的自己，站在旁邊觀察我與這地方的一切所產生的化學效應。

是的，才甫見面，印度即展露她無限的破壞力及與之相應的包容力。而我，是否也準備好和她一起走進自己的內心了？

司機你好

他們愛不懂裝懂，他們把握機會能坑就坑，他們隨興工作，但他們，也從未喪失自我。他們會哄騙你，撈走你身上的白花花的銀子，但也不會真的傷害你。

在沒有路標的印度，在陌生的城市裡，嘟嘟車是我們最常倚賴的交通工具，而每天不斷辛勤跑路的司機們，更是不可或缺的存在。

從與司機們的互動片段，拼湊出印度市井小民的獨特面貌。有些經歷是讓人發笑的，有些事件則會讓人生氣動怒，但無論如何，印度都不是一個冷淡或內斂的國家。不管我們再怎麼想要抽離成爲冷靜的社會觀察者，往往還是被她激起情緒的波瀾。

有時候，感覺自己好像是皇后出巡，剛走到馬路邊，數輛嘟嘟車就蜂擁而上，司機紛紛下車積極的問我們要去哪裡。

「女士，您需要幫忙嗎？」或是，「女士，你要去哪裡，我可以爲你效勞嗎？」那些燦爛的笑容，保留英國紳士的風範，但甜的膩人，不知道是不是加了蜜的毒藥。

在情況尙不明朗之時，只能先拿出抄寫好的地址，解釋要去的地方。紙條立刻被拿走，他們傳來傳去，有些人露出茫然的表情，決定放棄。剩下一些人看來較精明能幹，似乎胸有成竹，露出「這樁生意我做定了」的表情。

「多少錢？」我們總要先問這個問題，以免被騙。

「八十盧比。」司機毫不猶豫的回答，一副理所當然的樣子。

但明明就好貴，出門前才剛問過飯店櫃檯，他們說超過四十盧比就是不合理的價錢。

「四十盧比。」我說。

司機露出氣憤的臉，但也不離開，真的很奇妙。耐著性子討價還價一番後只讓步到六十盧比，我們必須自行決定搭或不搭，這是誰也說不準的事情。有時，繼續堅持下去可以說贏；有時，換個司機或許會好溝通一點；但也有時，花了冗長的時間及耗費唇舌後反倒是賠了夫人又折兵，既沒省到錢，把時間也浪費了。

好不容易上車後，車子繞了許久卻找不到目的地也是常態。那些看似熟門熟路的司機，不過只是演技好加上有膽量，佯裝的自信唬過同行也騙到我們罷了。停車問警察，或是打電話向朋友問路的，都大有人在。這是他們的第一個特點：不懂裝懂。

但正當我們以爲這是他們爲了賺錢的不擇手段，卻又立刻發現與賺錢矛盾的價值觀。炎熱的午後，感覺體內的水氣都要蒸發殆盡了，眾司機在自己的後座打盹兒，因爲座位太小，用各種奇特的姿勢睡著。要坐車時，只得嘗試輕輕搖醒一個半顆頭已露出門框的司機，卻見他微微睜開迷濛的睡眼說：「現在不工作！」就這麼理所當然的拒絕了到手的生意。

還有一次，我們傍晚要去一家孤兒院探勘，匆匆招了一輛車，那地方卻比想像中的遠而偏僻。從天亮走到了天黑，司機果不其然又迷路了，我們只得打給機構的負責人，請他向英文不通的司機報路。明明是司機的問題，才浪費了時間又多繞路，他卻硬要多收錢，生氣卻也無法找到合適的溝通方式，只得請機構的工作人員幫忙理論。從旁看著他們用陌生的語言溝通，我卻覺得好像漸漸抓到這場默劇的精髓。工作人員嚴肅的指出他的不合理，司機一看苗頭不對，趕緊換副笑臉迎人的樣子，說這邊太偏遠，晚點就招不到計程車了，要不他自願留下來等我們，回去時我們多給他一點小費。

唉，明明知道是條賊船，但還不得不上，這不就是人世間常有的無奈嗎。但送走這司機，之後更要麻煩機構的朋友幫我們找車，兩害相權取其輕，我們只得將這台車包下了。

回程時，司機明顯的沒耐心，車速越來越快，蛇行超車樣樣來，跟來時的樣子完全不一樣。經過清真寺，剛好晚禱的鐘聲響起，司機急迫的說：「來不及了、來不及了，要趕回家做禮拜！」我們這才恍然大悟這個司機是伊斯蘭教徒，虔誠的守著他們的清規戒律。

趕路途中，遇到一台爬坡無力的嘟嘟車，那司機奮力的催油，但馬力不足，總是一再的落後。突然間，看見我們的司機把光著的腳丫子從駕駛座義無反顧的伸出去，貼緊那台老爺車的屁股，且二話不說就將車子加速，推著前面那台車一起往前跑，我驚得花容失色。

同行的志工黑豬笑我說：「不是已經來印度五次了嗎？怎麼還不能習慣這裡的交通呢？」

大概是那時交通情況之繁忙壅塞混亂，對比他隨興的幫忙和爽朗的大笑，讓我發現印度又遠遠超過想像了吧！

對嘟嘟車司機的心情真是矛盾的很：又愛又恨。他們愛不懂裝懂，他們把握機會能坑就坑，他們隨興工作，但他們，也從未喪失自我。他們會哄騙你，撈走你身上的白花花的銀子，但也不會真的傷害你。有時，你甚至還覺得他們在保護你，用一些直率而貼心的行爲。

於是，之後每次上車，你總多花點心思觀看他們充滿個性的擺飾：印度教的神像，上面總少不了新鮮的花圈祭拜；麥加的照片，表明了自己一生朝聖一次的願望；花俏的坐墊，或許暗示這個司機很愛美；煙霧繚繞的焚香，讓你暫時忘卻恐怖的空氣汙染；有些車還貼心的加裝窗簾幫忙防曬，真可說是嘟嘟車界裡給貴婦般的頂級享受。

關於移動

我們是志同道合的朋友，有點相見恨晚的感覺。彼此分享起自己的工作形態和對印度之感，在許多部分都英雄所見略同。

如果說，印度已經是個空間感被擠壓到不行的國家，那麼，火車站更是強烈的顯現出人與人之間的沒有距離，什麼事都可能發生，甚至突如其來的跳入眼簾。或許那種緊張感，有點像但丁在《神曲》裡看到的煉獄景象，帶著些不可思議的駭人，卻又必須相信這是真的。

人來人往、熙熙攘攘，人生百態用不同的運轉速度播放著。穿著西裝筆挺的人士提著公事包，目中無人的逕自往目標邁進，好像錯過幾秒就會損失幾百萬似的，對身旁風景不屑一顧，即使撞到人仍然頭也不回的大步前進。牆邊角落，被衣衫襤褸的人們佔據，他們披著破舊的毛料披肩或坐或臥，究竟是在等待某班火車，或只是找個歇腳處，不得而知。乞討的人帶著可憐的表情接近我們，眼神像是要穿透惻隱之心，手伸到面前，甚至帶著暗示般的碰觸或拉扯；眼神閃爍的男子從後方接近我們，我要大家彼此挨緊一點，擔心扒手趁虛而入。

好像形形色色的人群面貌，都被濃縮到車站裡，怎樣都閃避不了。還要時時注意不要踩到躺在地上的人，他們用毛巾蓋住頭，不知是否還活著？思緒就這樣隨著眼前出現的畫面不斷的升起疑問，像水煮沸時源源不絕的泡沫，不斷冒出、膨脹、破滅、再冒出。那些來不及找到答案便蒸散在空中的疑慮，凝結成龐大的壓力，莫名而無言的籠罩著我們。

明明害怕的不得了，卻還是得戰戰兢兢的在各式各樣的車次中，尋找我們的那一班。

我們要從德里坐夜車到烏代浦（註❶），行車時間共十一小時，晚上七點發車，隔天早上六點到。幸好有當地機構的工作人員領路，否則我們很可能迷失在這迷宮。我們坐的是臥鋪中最低等級的車廂（註❷），沒有空調，風扇在頭頂呼呼的轉，雖然有窗戶可通風，但是窗外卻加了粗粗的鐵條，聽說是爲了防止民眾爬進來搶位子。從外觀看起來，乘客好像被載運的罪犯，而我們主動踏進了這座移動的監獄。車廂內部的陳設，一格共有八個床位，兩邊上中下各三層，再加上走道旁的兩個，充分利用了空間。整體來說，這樣的臥鋪還算舒適，除了清潔度真的讓人不敢恭維，我們花了好多張濕紙巾使勁搓揉，才擦掉床上看來已略有時日的污漬。

好不容易將行李睡袋安頓好，終於可以放下一路的緊繃，用放鬆的眼光觀察周遭了。隨著車子開動後規律的搖晃，微涼的晚風吹散了混合著咖哩味的體味。眼前掃過一個個印度人，有時盯著男人濃密的鬍子，有時看著穿紗麗婦女微微露出的小腹，耳邊傳來的夥伴玩牌的嘻笑聲，還是有點不可置信自己竟然可以身處在這麼龍蛇混雜的地方。

眼光在瞥見一個女人時瞬間定格。她穿著三件式的紗瓦爾（註❸），服裝微暗的棗紅色襯出她金髮的明亮，她正在跟一個小販買餐盒，說的不是英語，我猜應是印地語（註❹），付錢以後他們互相擺頭晃腦與微笑，女人沒有露出任何對異國食物的不適應，吃飯時舉手投足的神態，自然的就像是印度人。我著迷的看著，心裡升起對她的好奇。

然而，出乎我意料，女人一看見我身上的T恤後，主動來找我攀談。原來，她對我們的志工身分感到好奇，因爲她自己正是一個非營利組織（註❺）工作者。

閒聊一陣後，對她有了初步的認識。她是派翠西亞，美國人，來印度已經八個月了，主要負責齋浦附近農村教育服務計畫的評估和執行。我不由分說的對她產生好感，她沒有一般旅人的嬌氣，除了獨立之外，還額外帶有一種當地的氣質。除了她的外貌和口音外，沒有一點美國文化的影子，這點讓我驚喜。

我們是志同道合的朋友，有點相見恨晚的感覺。彼此分享起自己的工作形態和對印度之感，在許多部分都英雄所見略同。

「你英文說的真好，比印度人口音好懂許多，跟你聊天真的很開心。」派翠西亞說。

「你才好，我剛剛看你和當地人講印地話，讓我很感動。」我發自內心的讚美。

「這是很自然的，這樣才能接觸到他們的心。」

好喜歡派翠西亞內化這些價值後散發的自信，我能像她這麼成熟嗎？如果沒有跟著群體，我敢一個人在印度旅行或生活嗎？

「問你幾歲會不會很不禮貌？」我好想知道。

「我不介意喔，今年二十七歲。」

才大我兩歲而已，卻能把自己放在一個異質性這麼高的脈絡裡，還能適應的這麼好。她的開闊感染了我，好希望自己未來也能是這個樣子。

「看到你們是團隊工作，感覺好棒、好令人羨慕。雖然我很喜歡印度，這裡的同事們也都很好，但有時我還是好想念以前的朋友和夥伴……。」

也許，這才是派翠西亞來找我聊天的真正原因吧！同是離鄉背井的年輕人，也爲著相似的理想在奮鬥，我們團隊散發出的緊密情誼，或許挑起了她的思鄉之情，但更安慰了一路孤單走著的她吧。

她的目的地齋浦（註❻）是半夜到站，但我並沒有醒來送她，大概是因爲她和這整個背景，雖看似這麼的不搭調，但卻可以恰恰好的鑲嵌進去吧。我甚至一點都不爲她擔心，還能想像她的瀟灑。背起登山背包，她是否也和印度人一樣，沒等車子停好前就迫不及待的跳車呢？下車後，她有沒有帶著眷戀，回頭看看萍水相逢的我們呢？

火車開動，曾經交會的我們，又往相反的方向前進。還好，在離開前已把自己的經歷借給對方看過，讓彼此在陌生之地有更多美好的期待，和繼續走下去的力量。

註❶：Udaipur。

註❷：Sleeper Class。

註❸：Salwar。

註❹：Hindi，為印度的官方語言。但印度語言多元，超過一百種，除 Hindi 外還有 Urdu, Tamil, Marathi, Telegu 等許多種不同的語言。

註❺：Non-profitable Organization — NPO，翻為非營利組織，或 Non-governmental Organization — NGO，翻為非政府組織，為政府和營利事業外的第三部門。

註❻：Jaipur。

印度風味

衝到鼻子腦門的那成分，似乎有著神奇的功效，讓感官和思緒變得更敏銳。這就是所謂狂風暴雨後的清明嗎？印度給我的爆炸性衝擊，是否能為我沉澱出更重要的本質呢？

苦悶的生活需要其他休閒妝點，增添一點滋味以熬過漫長的年歲。

許多男人圍站在一個小攤前，嘴吧嚼啊嚼的，打開了我們的好奇心，於是也探頭進去湊湊熱鬧。只見老闆不慌不忙的把各種五顏六色的香料一點一點的放到荖葉上，再左摺右摺上摺下摺用葉子把料包起來。那樣緩慢的動作對我有著莫名的吸引力，像在製作什麼重要的工藝品般，要把全世界的美妙都融進。當顧客又喊出另一個名稱，老闆從不同的香料罐中倒出佐料，用不同比重去做下一個檳榔。

眼光貪婪的觀看製作過程，心裡還在猶豫是否要冒險嘗試一下時，猛然間才注意到我們竟取代老闆，成爲大家目光的焦點了。即便沒說半句話，可能是從我們眼中看到了期待，於是一位年輕人親切的說：「你們想試試嗎？」我們興奮的點頭，卻不知從何選擇起。

「這是帕安（註❶），可以讓嘴巴很香也可以提神。有辣的、有甜的，你想要哪一種？」

「給我最熱門的那種吧！」這是認識奇特食物的安全牌。

只見他豪爽的幫我點了一份，還帥氣的說：「我請你。」

不知道老闆是看我們可愛還是新奇，感覺他在準備這份時特別認真，雖然還是很多認不得的香料，但隱約看到他最後灑了椰子粉和一大把糖。

將整顆印度檳榔放進嘴裡，當咬破荖葉的那一瞬間，眾多奇妙感受同時一湧而上：

「好甜！怎麼有清潔劑的香味？是什麼辣辣的好刺激？衝到鼻子了！好複雜的口感。怎麼好像咬到小石頭，這東西能吞嗎？別人有吐出來嗎？糟了，感覺刺激感進到胃裡，肚子開始咕嚕咕嚕了，不會拉肚子吧！」

這時眼睛一瞥，見大家嚼檳榔時都會配瓶汽水，我也趕緊要上一瓶。不是要入境隨俗，只是想趕快沖洗一下即將麻痺的舌頭。旁邊的印度朋友，想必是讀懂了我欣喜困惑、明明擔心卻又要裝作沒事的神情，一個個笑開了。

他們問：「喜歡嗎？」

我牛頭不對馬嘴的回答：「好像把整個印度都放進了嘴裡一樣！」

一顆十元硬幣大小的檳榔，卻在口中產生這麼複雜的爆炸力。極端的甜，配上各個不同層次的口感，衝擊挑逗著口腔，辛辣感和小石頭造成的異物感也要你不可遺忘，很紮實的把你抓在當下，無法對湧上的感受置之不理。因此那個瞬間真的說不上喜歡，只能很明白的對照出，這就是印度給人的糾結感受。

「要不要再試試其他口味？」

「不了，下次吧！」我還需要時間消化這顆檳榔帶來的後座力，它還在胃裡翻滾。

離開攤子不久，當身體完全接受檳榔之後，卻意外的感到神清氣爽，頭腦格外清醒。衝到鼻子腦門的那成分，似乎有著神奇的功效，讓感官和思緒變得更敏銳。這就是所謂狂風暴雨後的清明嗎？印度給我的爆炸性衝擊，是否能為我沉澱出更重要的本質呢？這趟旅程，還需要慢慢消化，那些不知名的成分。

勇敢嘗試未知的味覺領域後，好想要溫醇的口感。需要放鬆和柔軟，於是開始尋找奶茶攤。在印度不用到好餐廳，只要一個小角落，一些簡單的器具，就能煮出溫暖人心給人幸福的奶茶。

我喜歡站在小販旁邊看他們煮奶茶，那熱氣蒸騰、香味四溢、顏色變化，還有他們從不急促的手法與態度，讓我即使站在繁忙的馬路上，也可以立刻安定心神，將心情和緩下來。

小販先將水燒開，再將茶葉碎末丟進去繼續煮，以滾燙的水為媒介，紅茶的香氣與淡淡的澀味慢慢釋出，把水染成漂亮的褐色。接著再倒進乳白色的牛奶，鍋子頓時成為一個巨大的調色鍋，乳褐色緩緩浮現，茶香與奶香同時誘惑著鼻子。這時，還不急著關火，要再攪拌一下，讓水多滾一會兒，把多餘的水分蒸發，讓濃郁的奶茶精華留下。最後，將瓦斯小火一關，倒入白砂糖和混合了生薑與荳蔻的瑪撒拉綜合香料（註❷）稍加攪拌，用篩網濾掉茶葉後，一鍋道地的印度奶茶完成。但，這可不是一人獨飲的份量，只見小販將奶茶分別倒入小巧可愛的杯子，每杯不到一百西西的量，打破了我們在台灣喝大杯飲料的習慣。

不同店裡的杯子各有其特色，透明的玻璃杯、咖啡色的陶土杯、銀色的錫杯、或是免洗紙杯，都自有一番情調。但不變的是那奶茶的滾燙，不管氣溫再怎麼高，奶茶不燙顯不出它的好口感。就著杯緣一小口一小口啜飲，那幾近飽和的甜，香而不膩，鬱積在身體裡的疲憊就好似獲得短暫的釋放。綜合香料則爲身體加溫，自己彷彿成爲一個光源，能量就從體內湧出。

不論早上下午，只要來上一杯奶茶，就是個短暫的充電。而奶茶所代表的社會意義，更成爲我對印度最深的鄉愁。

我最難忘的一杯奶茶，不在街邊也不在餐廳，而是在拉賈斯坦邦（註❸）裡鄉下的一個農家。

那日，夕陽即將西下，橘紅的晚霞映照天邊，我們在收容童工的庇護所裡的工作告一段落後，與其中半職的工作人員，其實也是曾被解救出來的童工蘇曼一起去找他高中的好友，也趁機想了解附近的農家情況。一家六口加上兩隻小羊，都很欣喜於我們的到來，父親帶著我們參觀房子內外，我們發現這裡沒有供電，他們還過著燒柴煮飯的生活，每天日出而作、日落而息。

不會說拉賈斯坦語，我們無法對話，本想早點離開避免尷尬，但主人熱情的留我們在院子乘涼。於是我們一同面向西方，望著襯著農田的落日緩緩下降，就這樣靜靜坐了十來分鐘。隨著陽光隱沒，天空已暗成藍黑色，點點星光浮現。

「好舒服的畫面！」我不禁想著。而被綁在樹邊的兩隻小羊，還低著頭靜靜的吃草。

原本已經被滿足的心，在看到母親滿臉笑容的端出剛煮好的奶茶時，更瞬間融化。

「啊！原來要我們留下來，是爲了煮杯奶茶給我們喝！」

沒有現代化的瓦斯爐，用柴火加熱的奶茶，更顯出其心意。雖然沒趕上落日餘暉，但在黑暗中，手中的那杯奶茶更顯珍貴。

「好喝嗎？」蘇曼代全家人問我。

我輕輕左右擺頭，露出怡然自得的表情，這在印度是「當然」的意思。

大夥兒都笑了。

註❶：Paan，印度檳榔。

註❷：Masala，各種香料組合而成的綜合香料，多用於食物或茶的調味。

註❸：Rajasthan，印度境內的一個邦，位於印度西北部，與巴基斯坦相接壤。

舒食圈

這融合一切的醬汁，就好像那些看似不協調的景象，都一併的被這國家給包容，但甫接觸，就帶給我們如此深遠的衝擊。

我煞有其事的洗手，像是要迎接什麼盛宴般。

在印度，即使是再怎麼油膩、狹窄或簡陋的餐廳裡，儘管牆壁上盡是斑駁的壁癌，電風扇吹送著混合油煙味的惱人熱氣，只要是餐廳，一定有樣東西不會少，那就是洗手台。

這是令人難以置信的對比。

曾經坐在一間緊鄰路邊轉角露天廁所的餐廳，只要走出門口沒幾步，就會聞到濃濃的尿騷味，曾見路旁散亂的大小垃圾。許多印度人，一面大喇喇肆無忌憚的隨地亂丟垃圾，對環境的髒亂視若無睹，但在吃飯前，卻又仔細謹慎的洗手，表現出對自身清潔有極大的重視。這個對於「清潔」定義的落差，令我困惑又茫然。

我拿起肥皂，學當地人輕柔的將泡沫搓滿全手，將所有病菌沖洗掉後，回到略嫌骯髒的餐廳座位，等待著食物上桌。

我點的是「塔立」（註❶），印度的傳統套餐。一張不銹鋼圓盤中，包含了各式各樣的東西。白飯、恰巴提餅（註❷）、烤的或炸的酥脆的帕帕餅（註❸）、以及盛在一個個小碟子裡的豆泥咖哩醬（註❹）、燉蔬菜馬鈴薯、清爽的優格醬（註❺）、和酸鹹到不行的醃黃瓜。避開琳瑯滿目、令人眼花撩亂的菜單選項，由這裡進入印度的豐富，似乎是最道地的方式。

如果是平常，菜一上，我便翻開手邊的書，邊吃邊讀，嘴裡雖咀嚼著食物，思緒卻早已進入想像的空間，因爲吃飯之於我早已是如此自然和平淡。但今天，想好好尊重伴隨著這份異國料理的一切，我放下習慣的筷子，模仿起當地人吃飯的姿態。

隔壁桌的男子，獨自一人，吃的也是塔立。只見他豪邁的把三分之二的豆泥醬倒入白飯，右手的五隻手指伸進飯中，靈巧且快速的均勻翻攪，直到每粒米飯都沾上金黃色的醬汁後，開始抓起一口飯的分量，五指並用的將原本粒粒分明的米飯捏成一坨，並將之放在其他四指充當的湯匙上，用大拇指將飯推送進嘴裡。食物入口後，手指繼續伸進飯海中舞蹈，預備捏出下一口飯。

我看著，驚訝於不透過餐具的優雅和靈巧，更感覺他們和食物的距離比我們更接近。當學著他將手指伸入飯中，好似什麼被封印的古老感受，瞬間被打開了一般，感官很有一番新的體驗。看似較不文明和衛生的吃飯方式，卻讓我的手感受到了食物的溫度、觸感、彈性、濕潤度等等，也讓我推翻平時的輕蔑態度，更加專注於吃飯這件重要的事。

在這裡，充分體現了「吃」的基本角色。我們吃飯，是爲了獲得能量。所以應該感恩於這些食物，並對自己所吃的東西，有謙卑而深刻的認識。

而印度的食物就像這國家本身一樣，豐富的融進了各種元素，完全不掩飾它的強烈和刺激，要挑動我們的感官。

看似平凡無奇的咖哩醬，其實隱含了玄機。可能是幾十種香料和好幾種蔬菜組合熬煮數個小時而成，成相雖是不怎麼美觀的濃稠醬汁，但當中卻有著無窮的變化。一入口，那綜合香料所帶來的美味層次和辛辣感，在口裡奔騰，讓腸胃翻攪。這融合一切的醬汁，就好像那些看似不協調的景象，都一併的被這國家給包容，但甫接觸，就帶給我們如此深遠的衝擊，是一樣的道理。

身體尚無法負荷這種重口味的刺激，於是辣的吃不下，或是餐後拉了肚子。可心裡，一直反覆琢磨這味道，是如此巧妙的呼應。我們對這裡食物的又愛又恨，就和我們對這國家的曖昧態度沒有兩樣。

當身體漸漸適應這樣強烈的表達，便在每天吃飯時製造一點小冒險，嘗試點那些根本看不懂是什麼的食物。吃就對了，用這種氣勢去進入這個神祕悠久的文化，也因此，獲得了許多意外的驚喜。

在街邊小販吃起包著馬鈴薯泥的炸物「沙摩莎」（註❻）；還有餅皮炸成空心圓球狀，裡面盛著酸甜醬汁的「帕尼鋪里」（註❼）；也有看似可麗餅，但餅皮經過發酵略微發酸的「多莎」（註❽）；或是狀似發糕卻淋了滿滿醬汁的「易得力」（註❾）……等等。

我承認，自己並不覺得每樣東西都美味，有時甚至是勉強自己才能將其下嚥。但奇妙的是，縱使一點也不想要再試一次那樣的口感，腦海裡卻常常想起那些古怪食物，以及與其相映襯，當地人享受美食的滿足表情。

原來，我們的文化，不僅刻畫在心中，也早已烙印在我們的身體裡。走出了疆界的舒適圈，但，食物的舒適圈依然牢牢的套住我們，左右著我們對世界的進一步認識。

餐後，櫃台送上灑滿糖霜的茴香、或帶有香味的小石頭等香料以消除口中異味。朋友抓了一把到嘴裡，當糖霜融化後，他吐掉茴香，說：「這個怎麼會是香的呢？味道好奇怪！」我微笑，但依舊靜靜嚼著散發奇特味道的茴香，想著：「原來這就是印度人喜歡的味道啊，真的和我們很不一樣。」

註❶：Thali，有各種小菜的印度傳統套餐，它的好處是，所有的小菜包括白飯，都可以吃到飽不用加錢。

註❷：Chapati，用麵粉揉成的麵糰壓製而成，通常在鐵盤上烤的有點焦黑，是印度的主食之一。

註❸：Papad，酥脆微鹹的口感可當成是開胃菜或小點心，不管單吃或佐上配料都好吃。

註❹：Dal，各種豆類去皮後混合熬煮而成的醬料，色呈黃綠色。

註❺：Curd。

註❻：Samosa，也翻為印度菜餃。外型多為三角形或半月形，餅皮酥脆呈金黃色，內餡除了馬鈴薯泥外，還有洋蔥、豆子、芫荽、碎羊肉或碎雞肉等，口味偏辣。

註❼：Pani Puri，醬汁是由水、羅望子、辛香料調製而成，一份有兩到三顆，大小剛好一口一顆，是街邊熱門的小吃。

註❽：Dosa，以米和黑扁豆等原料調合而成的糊狀物發酵過後製成的油煎薄餅。吃的時候也會附上各式沾醬，本身味微酸。

註❾：Idli，將由米和發酵的黑扁豆調合而成的糊狀物蒸熟後食用，通常做為早餐或點心，也是搭配醬汁食用。

靈性與快樂

我們很聰明但也很愚笨。可最糟糕的是，我們不斷的學習新知，但往往，我們不是利用知識來讓我們免於愚笨，而是運用知識來保護我們固有的無知。

一位靈性大師斯瓦米（註❶）開示人生智慧的工作坊，是我們意料外的行程。原本內心十分抗拒，自省的意念告訴我，我們來印度不是要浪費時間去聽別人在台上長篇大論，或做些官腔的社交。但印度人的熱情與堅持，卻是不容挑戰的，我只能慢慢學會在印度放下自我，屈服於一切，在每個際遇中觀照和學習。

暫時離開底層掙扎不已的環境，來到為期兩天收費高達二百美元的工作坊，我們被免費接待一個早上，因而短暫進入上流社會。但此行，卻著著實實的讓我體會到，不論身分貴賤，眾生都同樣在尋找離苦求樂的方法，這就是眾生相。

會場是一個高級會議廳，每位學員無不穿著體面，他們彼此交換名片，握手寒暄，臉上露出商業性的禮貌和微笑。女人們穿著的紗麗，和一般街上看到的質感完全不同，有絲質的和緞面的，在在都顯示這群人的來頭不小。象牙色的地毯鋪滿全地，新鮮的百合放在桌上，空氣中瀰漫著好聞的薰香，冷氣強力放送，伴隨著印度風的演奏音樂，不禁讓人錯亂的以為參加的是五星級旅行團，幸虧受了我們幾天折磨的黃T恤顯得髒髒舊舊，暗自提醒我們真實的身分。這裡是上流印度，而我們，只是蜻蜓點水的過客。

音樂漸弱，一位男人緩緩走上台。頭有點微禿，頭髮和鬍子都已斑駁灰白，身形微胖，穿著剪裁簡單但質感高級的庫兒塔長袍（註❷），他說他今天要談的主題無關宗教，而是人生的智慧。他一開口，讓人感受到的是親切，他不是在演說或灌輸，反而像是在和我們聊天。幽默而詼諧的言詞，偶爾摻雜點自嘲，讓人覺得他不那麼神聖，卻是滿有力量。印度的教育著重邏輯與修辭，也可從大師的演講窺知一二，他巧妙運用英文的雙關語意來闡述一些我們時常會錯誤認知的事。我意外自己深受他的吸引，心智像是被啓迪開光一般，感覺他不只在對我們的頭腦講話，更像是在對我們的心靈喊話。

他說：「我們很聰明但也很愚笨。可最糟糕的是，我們不斷的學習新知，但往往，我們不是利用知識來讓我們免於愚笨，而是運用知識來保護我們固有的無知。」

智慧的話語從智者口中說出來，打進每個人心中，但眾人皆有自己聯想的方向。即使如此，這句話對我仍像一道警醒的鐘響。知識可以幫助我們建構對外界的認識，卻不必然能引導我們去深刻思考內心的本質。學的再多，保持心智的清明和確立生命的價值也許更爲重要，才能避免讓知識淪爲爲自己想法開脫的藉口。

他又要我們思考，每天我們要做很多決定和判斷，那時我們是「反應」還是「回應」？「反應」是憑著習慣的機械式行動，而「回應」則是經過內心一陣思考後再做的動作。

這又是一段需要我們靜下來思考的提醒。不管是小到自己的生活細節，或是大到整個社會的體制，我們會不會因爲習慣，而誤以爲現在的處理方式就是唯一的處理方式？我們有沒有耐心和用心的去看透每件事情的表面，抓到其中的精髓，讓生命有不斷被擴展的可能？

「百分之九十的人認爲沒問題就等於快樂，有問題就等於不快樂。但卻沒有人想過，你們覺得快不快樂到底是因爲問題本身，還是因爲你們對問題的這種謬誤設定和看法？」他又說。

「是啊，我快樂嗎？」我問自己。「是不是一直想得太多，悲觀和完美主義交互影響，所以常忘了怎麼簡單的快樂？」服務據點裡孩子的笑顏在此時不斷浮上心頭，正是因爲他們沒有被這種錯誤的歸因所綑綁，他們才能如此燦爛的笑著吧！但謝謝他們，從他們身上我漸漸學會，做事不應遇到問題就沮喪，唯有當自己懷抱著喜樂的心，做出來的事情才真正有影響力與讓人喜悅。

「其實，問題無所不在。每個人都有屬於他自己的問題，包括我—現在正站在台上的講者—也有。然而，生命本身可以是一個大問題，也可以是一種解決方法，端看你選擇怎麼去面對它。」於是大師結束了他第一段的開示，並鼓勵大家勇於上台說出自己的擔心和問題。他說，若能在這裡跨出第一步，與旁人分享自己的脆弱，就是一種釋放，之後要跨出其他步就更容易了。於是大家紛紛搶著上台，隊伍排成長長的一列。

「大師，我在美國讀大學，學習和成長了很多。但我很怕畢業回國後反而被束縛，要順服父母親的媒妁之言，沒辦法做自己想做的事，我該怎麼辦？」一位打扮時髦，從美國回來過暑假的印度女孩說。

「大師，我努力不斷的充實自己，懂很多、善分析，但我上台報告時總是結巴，沒辦法有組織又自信的表達，所以工作一直無法升遷，你能幫我克服這問題嗎？」

大家抓住麥克風，滔滔不絕的說出心中的憂慮，希望能獲得大師的回應或解惑。坐在台下，看著這些高知識份子的憂慮，原本似乎有所體悟的靈光乍現，早已消逝無蹤，我開始覺得好荒唐。身邊這些印度的中產階級人士，他們有能力負擔美金二百元的高額費用參加兩天的工作坊，卻沒有自己快樂的能力。他們不看自己已經擁有的，反而聚焦於所缺乏的，眼光裡，永遠是自己的問題，找不到出口，卻仍拘泥於欲望。

心像裝上了翅膀，飛向無比懷念的，那些原始和樸實的日子。在鄉下的學校裡，和孩子們一起打飯，除了盤子，沒有餐具；除了地板上，沒有桌椅，當然更沒有餐廳。我們有的，只是兩隻手。沒有肉，只有黃澄澄的豆泥醬和一顆水煮蛋，我們把五隻手指頭全都伸進淋了熱熱豆泥的白飯裡，混合均勻以後，以手充當湯匙把食物送進嘴裡。我們投入全身心力的吃，感恩於這僅有的食物；吃飽後，我們竭盡全力的玩，那快樂蔓延的速度，就和會場裡煩惱泛濫的速度一樣快。

的確，苦難以各式各樣的方式壓在人們身上，是不能被衡量和比較的。但每當想到連不知未來在哪兒的他們都能如此開懷的笑著，我們，又有什麼理由好不滿足呢？幸好有與他們的回憶作盾，我不再輕易的掉入欲求不滿的陷阱，那些擔憂於我是不攻自破，而他們的真誠和自然，總是能豐厚的滋潤我幾近乾枯的心。

註❶：Swami Sukhabodhananda，一位有名的印度教導師，擅於在演講中將印度吠陀傳統與西方管理模式與心理發展觀點結合。

註❷：Kurta Pyjama。印度人穿的無領長衫服飾。

系統性的失敗

面對這種存在於各階層之間都有的貪污腐敗，最後受到最嚴重剝削的，往往仍是底層的人民。

知足常樂，是要建立在怎麼樣的基礎上？擁有太多，要懂得知足，這自然是一個不需多加闡述的道理。但當真正面臨匱乏之時，又要怎麼度過？

剛從法律系畢業的傑克曾經去過甘肅省的偏遠農村當志工，在那裡，他看到當地人民的質樸與單純，覺得他們知足的很快樂。但到了尼泊爾，和當地非營利組織一起去探訪村莊，卻看見完全相反的情況。那裡的村民總喊著他們缺少什麼、需要什麼，而且都是難以被改變的累積，例如：我們需要教育、我們需要水井、我們需要什麼什麼……。

「爲什麼要讓他們知道自己缺乏什麼，這樣不是反而讓他們更不快樂嗎？」一天他如此問我。

我瞬間被問倒了，無法回應他一個好答案。同時，這個問題也慢慢在心裡發酵，我開始擔憂服務這件事，是否無意間強加了自以爲進步的價值觀於別人身上。

於是在印度遇到長久投入社會工作的達南傑時，我轉述傑克的問題，希望從他那邊獲得一些認同或新的看待方式。他卻說：「這很可能是一種誤解。你們要先弄清楚的是：他們究竟是真的知足，還是只是暗自憤恨對現實和命運的無能爲力？」沒有東方田園生活的浪漫情懷，他有的只是爲弱勢族群打拼的實際。才簡短一句，就打破了我們的迷思。

「你知道嗎，我常因工作所需到鄉下做田野調查。最近，當我回到自己的故鄉，發現村子裡沒有電力供應，於是我問村民們：『爲什麼電沒有來？』他們說：『我們也不知道，但就是沒有。』他們用不在乎的態度情緒平淡的表達，我卻因此大發雷霆，你知道爲什麼嗎？」

沒等我回答，達南傑急迫的繼續說下去。

「因爲他們並不認爲自己有能力改變這件事，我卻不然。

政府本來就承諾今年這區可以開始供電，而且去年年底時就已經把電線牽好，怎麼可能到七月都還沒開始供電呢？

你覺得他們無所謂的態度，是知足嗎？

你必須問的問題，不是他們該不該知足，而是這東西是不是原本就是他們應得的。我認為，他們有權得到電力，且政府有義務提供給他們！

我請村長趕緊層層上報反映這情況，這才發現是卡在某個地方的電線還沒接好，又沒人處理。經過疏通後，電果然很快就來了。」

達南傑的想法，從出發點就與我們南轅北轍，但正因如此，我從他身上學到了很多看事情的方法。

「當然，這其中必定有許多貪污腐敗之事，才會某處出了問題還拖了這麼久沒有被解決。但更重要的是，人們不應該逕自接受這不公的情況。」達南傑忍不住補充，我知道他非常重視人權。

「所以，即使如此，你仍然相信政府？你不覺得他們太無能了嗎？」我提出心頭對印度政府一直有的疑問。

「不，他們不是無能，只是不斷在衰敗中。印度早就不算是貧窮的國家，政府有資源、有措施，民眾透過選舉選了這些代表，他們有責任照顧好人民。」

「可是在很多方面他們都沒有做到啊！」我不留情面的回應。

「是的，這正是我們的民主制度裡，一個『系統性的失敗』。」

「什麼意思？」

「因爲印度是個這麼大的國家，當中的層級制度太複雜。當事情發生，若下層沒有據實回報上級，很多問題就會被掩蓋和蒙蔽，導致無法被看見也無法解決，就像電力供應這件事一樣。」

我知道這是印度行政效率不彰的原因，但我仍無法接受的是，執法者爲了個人利益的惡行惡狀。

有一次參訪機構，因爲距離不遠，爲了省時省力而十二人擠在一輛九人座廂型車裡，不幸在路上被警察臨檢。我們犯規在先理當認錯，但警察在乎的卻不是我們的錯誤，而是他能收受的好處。他勒索司機，如果不付點錢給他，就要把我們帶到警局作筆錄，讓我們得付出更大的代價。誰都怕惹上麻煩，看著警察大言不慚的嘴臉，即使心裡厭惡到了極點，我們還是乖乖掏出一百盧比給他。

面對這種存在於各階層之間都有的貪污腐敗，最後受到最嚴重剝削的，往往仍是底層的人民。如同隊員阿光來到印度，看到東缺一角西缺一塊，幾乎從來不曾平整的馬路後，最想問印度人的一句話：「你們的政府到底在哪裡？」我也想知道，身爲高知識分子的達南傑對自己國家政治制度的看法。

「那麼，有這麼多不好的事，你還支持民主嗎？」

「當然。被選出的政府理當照顧人民，這是他們的責任。不該因爲政府做不好，就全盤否定這個制度，相反的，我們更要逼迫政府去實踐他們的義務。至於在非營利組織工作的我們，能做的就是『賦權』（註❶）給這些弱勢族群，讓他們有動機和力量去發聲、去要求、甚至去抗議。」

「所以，這制度裡『系統性的失敗』並不困擾你？」

「看你怎麼想囉。雖然我覺得現在的狀況很差，但不能否認的是，我們因此有很大的空間和自由。」

印度，真不愧是世界上「最大的民主國」。雖然有很多問題，但許多人卻仍深深以這制度爲傲，因爲至少，他們可以在體制內奮鬥。

曾經在一次帶隊參訪機構的過程中，和工作人員卡比爾聊到了印度的貧窮問題。一個滿腹理想的隊員，成大經濟系的廖魘認爲，貧窮的根源在於人口過多，於是他意有所指的問：「爲什麼政府不直接限制生育就好了呢？」卡比爾則回應：「印度有許多不同的種族、宗教、文化，而且是一個民主國家。有些文化對於生育有自己的約定俗成，所以政府並沒有硬性的強迫規定，只能宣導和透過獎勵補助制度來提倡節育的概念。」

「不過這樣沒效啊！」廖魘反駁。

「也不能說完全沒效，只是效果比較小。」卡比爾禮貌的回應，但口氣裡有不容忽視的堅定。

看著他們溝通時一來一往的拉鋸，我才漸漸明瞭，印度人的包容力和耐心有多麼巨大。即使背負著「系統性的失敗」這項原罪，他們依然願意相信，終有一天他們能平和的克服這種種障礙。

註❶：Swami Sukhabodhananda。

抓胯下

好恨自己，在尚未了解他們之前，就擅自批判了他們。雖然沒有說出口，但我知道自己帶著有色的眼光看他們。

那是第一次到印度。

去請他幫我們打開房門前，門房小弟不知爲何正在抓胯下的重要部位，他站的地方背光，所以看不太清楚。聽到我們的叫喚，遲疑了一會兒後，他若無其事的轉過身，拿起掛在牆上的幾串鑰匙，向我們走來。我和大美心頭一驚，對那個動作有許多不解，更多的是害怕，心裡頭滿滿的不舒服。那是充滿禁忌的部位，恐懼於那行爲透露的暗示，更擔心會是什麼壞事的預兆。開完門，他沒有立刻離開，還走進房裡把燈和電扇都打開後，才緩慢的說：「還有什麼需要幫忙的儘管找我，隨時爲您服務。」我們兩人臉色一沉，以惱怒的神色瞪著他，提防著。

感受到那氣氛之嚴肅，可能本想流連要點小費的他，只能摸摸鼻子走了。

他前腳剛踏出，我們不由分說立刻關上房門、扣上暗鎖，確定外人無法隨意闖進來後，才感覺安心一點。

「你剛剛有看到嗎？」

「有！」

「是在手淫嗎？怎麼會有那種動作？」

「我覺得好噁心！」

我們和夥伴分享這個狀況，要大家更加小心警戒，保護自己是最重要的事。

不過那個畫面，就像是個開關一樣，是視網膜效應（註❶）的開始，我發現那晚看到的並不是個特例。自此之後上街，一不小心就會瞥見同樣的情景重演在不同人身上：騎車的嘟嘟車司機、路上的小販、迎面而來搭訕的男人……等等。我看見男人的手，像是跟眼神和其他身體部位分開似的，他們能專注做某件事情，同時還一面伸手抓一下胯下的重要部位。即使走在大馬路上，亦是如此明目張膽，甚至頻率還頗高。

人們總因不了解而害怕，我也是。

雖然，門房隔日早晨彬彬有禮的態度讓我放鬆許多，街上許多人同樣的行爲也稍稍驅散了充滿在那夜的不安與恐慌，但我仍覺得不可思議，他們爲什麼會在人前做那個動作。當然，那疑問只埋藏在心裡，一直都沒有勇氣也苦無機會，去詢問或找到更深的原因。

直到回台灣後，讀到印度小說《白老虎》裡這段主角的自白時，心頓時被擠壓的痛到臉都垮下來，真想放聲大哭。

用手指刷牙時，我注意到我的左手：它趁我不注意時爬到胯下，就像蜥蜴偷偷爬到牆上，正準備開始抓。

我等了一下。它一動，我就用右手抓住。

我捏住拇指和食指間的厚皮，最痛的地方，整整捏了一分鐘。我放手時，手掌皮膚浮現紅印子。

看啊。

從今以後，這就是你抓胯下的懲罰。……

為什麼我爸爸沒告訴我不要去抓胯下呢？……為什麼他把我養大，讓我活得像頭禽獸？為什麼窮人都這麼骯髒、醜陋？

這才知道他們不懂這些，一切都只是自然的反應。網路上有人猜測說，可能是因為生病，所以常需要搔癢，才做出這麼不雅的動作。但，他們的無知，究竟是誰的問題？誰告訴過他們這是不好的習慣？對於別人因此對他們的害怕與鄙夷，誰能來為他們發聲？

眼淚滴滴答答落在扉頁上。好恨自己，在尚未了解他們之前，就擅自批判了他們。雖然沒有說出口，但我知道自己帶著有色的眼光看他們。是在讀著這篇章時才想到自己的可惡，怎麼樣，我是把自己看作比較文明嗎？

書裡的主角，出身於非常低階的種姓，在有錢人家做著僕人的工作。可以理解他那些不雅的動作會被大眾所唾棄，但令我更震撼的是，那社會加諸在他身上的，會讓他回過頭如此厭惡自己。

那是怎樣的一種心情？

在沒進主人家之前，他並不覺得這行為有任何不妥。但當他站在上流社會的邊緣，他卻承襲了那些自以為高尚的眼光，回過頭狠狠數落自己的不是。

看到他嘗試改掉那行爲，卻又被根深蒂固的習慣制約時，我好恨我們的衣冠楚楚，掩飾了我們的下流。我們憑什麼去評價這群真實到不行，對禁忌和秘密都毫不遮掩的人呢？

什麼是正確？當回歸到內心的本質時，我才赫然發現，該羞恥的或許是我們。

註❶：心理學上的名詞，大意是說，當我們意識到某個東西或某項特徵後，就會比平常更注意其他人是否也具備這種特徵。其實現實從不曾改變，只是看的人心理變化的影響。

女人

女人像是一件商品，當西方的女性主義早以如火如荼的展開，甚至抗議報章雜誌將女性物化的同時，印度的婦女們仍被放置在權力的角落，消失在家族的譜系當中。

當傳統正奮力捍衛自己的正統性，卻還是無法匹敵現代化全球化的進逼之時，我在印度女人身上看見仍然獨樹一幟的女性服飾——紗麗（註❶）、紗瓦爾。不被西化的牛仔褲迷你裙給取代，傳統服飾保留它的鮮豔色彩和剪裁，完美的呈現了印度女人的優點。

紗麗。只要先穿上一件可以遮住胸部像小可愛似的衣服，再在肩上披上一塊布料，纏繞過腰，下擺成爲長裙，就是最常見的服飾了。腰身會被突顯，走起路來不能跨太大的步伐，裙襬會隨著身體的律動左右擺動，充滿了女人味。設計如此簡單，但配色千變萬化，幾乎你想得到的顏色，都可以應用，徹底展現印度人喜歡華麗的性格。而當熱心的印度媽媽奧莉薇亞陪著我們探勘各個非營利組織的那幾天，我好愛她每天不停變換的紗瓦爾。和紗麗不同，它是三件式的套裝。一件蓋住屁股的長擺上衣，但兩旁的開叉高至腰際，以方便活動；然後依服裝款式搭上緊身的、或寬鬆束踝的長褲，顯示了印度的保守；最後，再搭上一條顏色相襯的披巾，正面以一個完美的弧度垂掛於胸前，有時用小別針在肩膀固定，披巾兩端自然的飄逸於背後，襯出走路的風範。除此之外，虔誠的穆斯林女性更恪守宗教的規範，從頭到腳：披黑色面紗、穿長袖黑衣、著及地黑裙全身裹得緊緊的，頭髮也一綹不露，只留下一張臉或甚至是一雙眼睛示人而已。

曾經，我欣喜於印度的女人沒有被西方化，還保留自己的特色。但換個角度想，或許是社會的壓力，讓他們沒辦法擺脫桎梏，需要繼續服從於傳統的想法之下。能夠穿T恤牛仔褲的女孩和女人，明顯是來自社經地位較高的家庭，一身隨性的穿著打扮，象徵了他們的自由。一般來說，女性少有出外工作的機會，不過在鄉下，不論是農忙或做家務的工作都由女人承擔。

這情況和孟加拉是相似的。窮人銀行家尤努斯創辦的微型貸款制度，原未設定女性爲主要借貸對象，不過實際案例卻顯示出女性雖地位低下，但多勤奮持家，將借款直接運用在家庭的整體改善，如兒女就學率、生活環境的提升與改善，並且在還款的信貸上比男性更爲可靠。也因此看見女性受到經濟援助後，有比男性更大的發展潛力。於是，在現今的印度，組織婦女自助，也成了非營利組織一項重要的工作。

炎熱的下午，德里的郊區少了烏煙瘴氣的車子，顯得有些荒涼。小鎮上唯一的一條大街有些空蕩，只有路旁的垃圾囂張的霸佔空間，放任陣陣酸腐的味道擴散到空氣中。隨著達南傑往小巷裡走，穿過乾枯的小灌木群，撫著漆成白色的房舍一路往前，轉個彎後發現眼前豁然開朗，有個大空地，一群孩子在空地上打板球，空地旁則有一小塊用紅磚牆圍起來的房子和庭院。庭院裡，幾個女人坐在地墊上，不顧頭上熱烈曝曬的豔陽，正專心一意的或用縫紉機，或一針一線緩慢的製作著各式各樣的手工藝品，如圍巾、耳環、鑰匙圈、零錢包等等。她們專注到沒有感受我們的到來，那專注裡，似乎亦洋溢著滿足。

「婦女是沒有地位的，」印度社會工作者達南傑說，「她們附屬於丈夫和家庭之下，不被允許出外拋頭露面的工作。」女人像是一件商品，當西方的女性主義早以如火如荼的展開，甚至抗議報章雜誌將女性物化的同時，印度的婦女們仍被放置在權力的角落，消失在家族的譜系當中。出嫁前，她們是父母換取聘金的工具，出嫁後，她們仍被限制在家庭中，處理著家務農務等種種瑣事，沒有經濟獨立的能力，走不出不公平的環境。

貧窮雖不一定是洪水猛獸，但若丈夫不爭氣，仍會一步步吞噬整個家庭。或許，更可怕的並不是貧窮的狀態，而是身為女人，注定從小到大都不能為自我奮鬥這個殘酷的事實。女性不是沒有力量，而是她們被剝奪了表現力量的環境。

或許是因為自己身為女孩，更能夠同理她們的心情。知道她們的故事，就如同知道其他不公義的事情一般，讓我難以承受和消化。來到印度，疑問並沒有減少，反而更加的多了。這整個社會，似乎處處充滿著問題。看著她們的表情，我不禁想：「這是認命嗎？真的是因為宗教或種姓制度而來的認命嗎？是認清人生就是這麼苦而無條件的接受嗎？」

但，花了一下午看她們工作，向她們學習製作的過程，還有從她們的作品中，似乎瞥見了足以驅退黑暗的光芒。那色彩鮮豔的布料和棉線，經過繁複精巧手法的織繡，像是獲得了生命一般，散發動人的美麗光采。每件作品發著光，每個單調而重複的動作，也不再顯得無謂，製作的過程像是某種神聖的儀式，她們投以認真的態度，進而昇華成強大的意志力。工作的時間很安靜，只有縫紉機喀答喀答的聲音。沒有人浪費時間在質問上，他們用實際的方式面對問題、互相扶持。

賺來的錢，或許很少，但正因是自己和整個社會體制對抗所得，他們更珍惜且保護那些得來不易的酬勞。婦女自助會也宣導類似努敏斯微型貸款的制度，讓一同工作的她們自成一個小型銀行，規定每人每月須儲蓄定額的盧比。如果有人家裡有急事，便可向這個小型銀行借款，並要照規定的利息按時歸還。這制度看來簡單，卻解決鄉下人家離銀行太遠，或沒有足夠的錢在一般銀行開戶的困擾。當這個自助團體越來越穩固時，每個人便因儲蓄而有了資本，可以去做更大規模的生意。若發展的好，她們也能協助村裡其他婦女成立另一個自助團體，增進村落的聯結，一起邁向脫離貧窮的道路。

聽著達南傑敘說這個機構怎麼組織和引導這群婦女，有一種好像是絕處逢生，或是置之死地而後生的感覺。吸引且揪著我心的，是人們面對這些不公的態度，太過自然超脫，超乎了想像；而非營利組織帶領他們而起的抗爭，卻又能如此腳踏實地，如果不能讓大家一起更好的話，他們寧願不要。

印度透露出的絕不是可憐，比那巨大很多。

孩子們無邪的笑容，就是最好的證據。整個下午，他們就在我們和婦女身邊自得其樂的玩著不知名的遊戲。小男孩走到我身旁，說：「姐姐，打板球。」我伸出手，他也伸出手來，於是我們手牽著手，一起加入空地上的板球比賽。

而遠方傳來的鐘聲，仍不間斷的響著，似乎在預告改變即將到來。

註❶：Saree，是用五、六米長的布料，如紗或絲綢包頭裹身或披肩而成的印度傳統女裝。

童工。

這真的不是一首「祝你生日快樂」就能簡單帶過的慶祝會。
公平、正義、尊重、助人等品格和信念的建立，
全都在這短短半小時一次傳達完畢。
經歷了這場饗宴，我相信孩子們獲得了安慰和力量，
讓他們可以把創傷化為勇士的印記。
是的，他們重生了，而且將成為更好的人。

關鍵問題

唯有當我們感覺到我們都是社會的一份子，發自內心的視別人的苦難為我們的苦難，我們才有可能行動而不覺得痛苦……

看著他身著一襲白色的傳統服飾，一副悠閒自在坐在涼亭裡的背影，我知道他在等待著我。我眼裡的他，有不可企及的巨大，可以想像他臉上和煦溫暖的微笑，卻不能抑制自己的興奮與緊張。他是凱拉許·薩蒂亞希（註❶），拯救童年運動（註❷）的創辦人。在與這組織合作的日子裡，我深受他們的理念與行動所感動，也一直很想有機會了解，幕後推手的信念與價值，到底是從何演變而來。不要說身爲社會工作者，即使身而爲人，我也一直都在尋找著可以看齊的楷模。今日，會得到什麼樣的答案呢？沒有辦法預測。

「哪嘛斯嗲（註❸），」我說，「不要把現在的談話當成是採訪，只要當作是和朋友聊天就行了，好嗎？」會這麼說，是因爲他會告訴我，他想跟所有的孩子做朋友，而不是當他們的長輩。當他感覺到孩子們有任何懼怕的心情，他會覺得是自己的問題。

「你聽懂我的意思了，哈哈。沒問題啊，就當作是在聊天吧！」

望著筆記本裡密密麻麻的問題和雜想，還是覺得不可置信，自己竟有這個機會霸佔凱拉許，這位兩次獲諾貝爾和平獎提名的人權鬥士，近乎一下午的悠閒時光。他的眼神銳利卻又充滿溫情，那內在堅定且豐盛的能量，吸引與鼓舞著我。

「致力於童工議題這麼多年，可以告訴我，你覺得造成童工問題最主要的原因究竟是什麼嗎？」

「是心態，」凱拉許說，「孩子們不論心靈上或身體上都是脆弱易受傷的，導致有人自以爲是的剝削他們。」他反問我：「你覺得世上存在著尊嚴、人權、平等、友情……等價值嗎？」

我點點頭，但他卻露出一個狐疑的神情。

「我也相信這些價值是重要的，但其實在很多地方，這些價值並沒有被重視和實現。」

他緩緩道出自己對孩子的態度，也舉出一個簡單的例子。

「很多父母非常疼愛自己的孩子，但卻不是用平等的方式，他們給小孩最好的食物、衣服、教育等一切，卻是以上對下的方式。他們不把孩子當朋友，不相信他們有獨立自主的判斷能力。同樣的，這些大人的愛有階級親疏之分，他們不將愛分給其他孩子，給自己孩子最好的，對於流落街頭的小孩卻不屑一顧。」

在城市街頭，我看過太多強烈的對比。從賓士車裡走出來一位打扮亮麗的婦女，手牽著一個年約八歲的健壯男孩，正要走進麥當勞。幾個像小狗般搖尾乞憐的街童圍上他們，想跟他們要錢或要東西吃，換來的只是婦女鄙夷的眼神與不耐。

他繼續說：「第二個原因是未受教育的文盲太多。真正好的教育，應該要是免費的、有好品質的、以及充滿意義的。努力了近三十年，終於在今年（二〇一一）印度政府才正式立法通過六年級以前的學費全部減免，由政府提供補助。但教育系統仍存在著問題，當老師的人沒有責任感，缺席率比孩子還高，有的甚至還明顯的表現出對低種姓孩子的歧視。」

之前到印度鄉間參訪時，發現一個現象，明明大清早，就有許多學生在街上遊蕩閒晃，問他們不用上學嗎？他們竟天真的回答說：「今天老師沒有來上班，所以放假。」在這種環境下，孩子如何對知識和教育有所尊敬和渴望呢？

「剩下的原因，我想其一是政府缺乏強而有力的政治意願與決心來改善這問題，其二就是許多人世代相傳的貧窮吧！」

身爲外人的我們，或許怎麼樣都無法弄懂那糾結的歷史演變和社會脈絡，會問「爲什麼」，只是因爲這裡的狀況完全超出自己的想像，那現實所彰顯在眼前的不可思議的殘酷，需要合理的原因，才能用理性把它穩穩當當的安頓在腦海角落，而非任由它在意識的邊界漫遊、碰撞，進而讓身體或心理產生更多不適的感覺。

「在印度，童工的問題絕不是單獨存在的，我認爲『文盲』、『貧窮』、『童工』，這三件事總是互爲因果，最簡單的理解方式是用三角圖形和雙箭頭來表示它們彼此的關係。」

「那麼，因應成因如此複雜的問題，你又是用什麼樣的方法來嘗試解決童工問題呢？」我是一個小矮人，但是我想站在巨人的肩膀上看世界。

「這三個問題都很棘手，所以我選擇的方法是—各個擊破（註❹）！」

「你可能不會相信，我是反對慈善事業（註❺）的那種人。看得出來嗎？呵呵。我知道有很多組織的宗旨是在提供援助和服務，但我不喜歡那種上對下的關係。我們不是在做什麼了不起的善行，而是因爲做這些事我們自己感到很快樂。」他又問：「你覺得貧窮到底是誰造成的，是誰的責任？」

咬著出水過多的藍色原子筆，我腦袋順著他的脈絡不停推演前進，手根本來不及抄筆記，只能先嘗試理解，之後再去把所有的概念重組。於是，當他丟出這麼一個大哉問，我也不禁一愣。「或許，是制度的問題？」我怯怯的說，就像是個沒預習的孩子，在猜答案一般。

「不管怎麼說，貧窮，絕不會是孩子的責任，他們充其量只是受害者而已。也許你會說，貧窮，是因爲制度有問題而導致的，但請問，制度是誰創造的？是成人。而我們是誰，我們也都是成人了。或許我們可以說我們被制度壓榨，但不可否認的，現在的我們某方面也享用了制度所帶給我們的一些好處。重點是我們接受了這制度，所以我們更有責任去回饋，將它修補成更好更完善的制度。」

我好像真的沒有從這個方向思考過。二十七歲的我，離童年有多遠了呢？做著青少年和兒童關懷的我，是不是也隨著歲月的增長，忘卻了用孩子的角度去看事情？現在的我，也該算是個大人了吧！爲什麼當我看到不公義，大多時候只是覺得無能爲力，卻沒有意識到已經有的能力和權力，而更積極的去行動或發聲？

「其實，這是一個道德上問題。」凱拉許說。「唯有當我們感覺到我們都是社會的一份子，發自內心的視別人的苦難爲我們的苦難，我們才有可能行動而不覺得痛苦……」

想不起來我有多久沒聽過別人談論「道德」了。這個詞，彷彿不屬於現代，因爲快速發展的社會中，人與人的關係變得疏離，許多人更抱持著自我中心的態度，只關注自己的生活與未來。

「有人問過我：『如果可以選擇，你會不會想做一個更有權力的工作？如當印度總統，你就可以對政府大刀闊斧的改革，以實踐你的理想。』」凱拉許說，「這問題確實讓我思考了一會兒，但我最後仍回答：『不會！』我從未刻意做任何事，我只做我該做和能做的事；我也只想專心於一項議題，傾注所有的力量去推動就好。我想我不僅看到自己所能，也知道自己所不能，這是很重要的。」

經過昨夜一陣雨，沙漠中稀少的植物被雨水洗的亮綠亮綠的。樹上，不知名的黃花綻放，空氣中透著清甜的香味，涼風拂面而來，吹走了酷暑的悶熱，帶來了新的盼望。

註❶：Kailash Satyarthi。

註❷：Bachpan Bachao Andolan—Save the Childhood Movement，簡稱 BBA。BBA 是印度第一個旨在消弭童工、兒童販運問題，並提供免費教育機會的組織。之後將直翻為「拯救童年運動」。

註❸：Namaste，是印度最普遍的打招呼用語，說的時候通常會在胸前雙手合十，微微彎腰、欠身敬禮。印地語中，「Nama」代表鞠躬，「as」意味著我，「te」則代表你。所以 Namaste 涵義為：「你我互相鞠躬」或「我向你鞠躬」，等同於中文「您好、歡迎及致意」全部加起來的意思。更深層的意思是：「向你心中的神性問安。」

註❹：各個擊破的方法：

1. 對付文盲，有 Bal Mitra Gram 計畫，在印地語中，「Bal」是孩子的意思，「Mitra」是朋友，「Gram」是村子，粗略翻譯可以說是「友善兒童村莊」。但其意義的精髓是，讓每個孩子都有書念，也讓他們有自己發聲的管道，幫自己爭取權益。
2. 對付貧窮，則有附屬在 BMG 底下的，婦女職業訓練計畫和公平交易。
3. 對付童工問題，第一步是突襲與搶救行動，第二步是到中途之家 MuktiAshram，「Mukti」有自由、拯救、釋放之意，「Ashram」則是家的意思，象徵孩子們重獲自由，之後將翻成「自由之家」。第三步則是轉介回家或到 BalAshram，「Bal」是力量的意思，表示讓孩子在這裡重獲力量，但之後方便起見將翻成「童工之家」。

註❺：anti-charity

憤怒的力量

但大家表現的不是漠不關心，就是無能為力，沒有人要告訴他為什麼人與人之間存在著這麼大的差異，他氣大家都不誠實面對他的問題。

有沒有一種面對苦痛的正確態度？我不知道。

但更想知道在目睹那麼多痛苦和悲傷後，究竟是什麼力量推了人們一把，又是什麼樣的核心價值，能喚醒他們心中的正義，讓他們想要起而行動？

正因爲這樣的努力太美好，我想要知道凱拉許的整個脈絡：他的出身背景、思想理念、經歷與變動等等。每一個行爲後的信念，每一次嘗試後的改變，我都想要看見。於是，在訪問他的那個下午，我彷彿坐上了時光機，隨著他樸實渾厚的嗓音，以及完整鋪陳的節奏，回到那些對他影響甚鉅的深刻場景和畫面。

時間先回到一九六〇年。

那天是開學的第一天，剛滿六歲的凱拉許從好幾個月前就滿心期待這天的到來，因爲他知道這天他將可以穿上嶄新的藍色制服、直挺挺的卡其褲，和黑的發亮的皮鞋，背上書包，用髮油梳一個整齊帥氣的頭，更重要的，是可以學習。

他來自一個很好的家庭，他的姓薩蒂亞希，在印度種姓制度階層中，是貴族的意思。於是他從出生後，就一直受到很好的照顧。父母都是知識份子，因此他從小就耳濡目染，也展現智識上極高的天分，不管是家人或他自己，都對即將而來的校園生活充滿期待。

和兩三個朋友一起上學，他們一路嬉笑玩鬧，藉此降低要認識新朋友的緊張感。然而，快接近校門口的時候，凱拉許發現了一個景象：有一對父子在校門口旁邊，父親正在爲一位男子擦皮鞋，孩子則喊叫著招攬需要擦鞋服務的客人，而那個孩子，看起來就和凱拉許自己差不多大。他們蓬頭垢面，襯衫上有著大小不一的汙漬，大概是不小心沾到了黑色的鞋油，孩子渴望的眼神對上他，似乎是在無言的詢問他能不能來光顧擦鞋匠。那一刻，凱拉許深深的被震懾了，他的思緒脫離了朋友的話題，很多疑問開始在他腦海裡浮現。

事實上，那並不是凱拉許第一次在街上看到工作中的孩子，但卻是第一次讓他那麼印象深刻。當穿著體面，打扮一副小紳士樣，充滿自信的凱拉許，看見衣衫襤褸而眼神中帶著茫然與惶恐的鞋匠兒子，那強烈的落差讓他難以忍受。他記得爸爸向他闡述過知識的重要性，他知道知識帶來進步，但他不能理解的是，為什麼這個看來跟他一樣大的孩子，卻沒有要上學。

坐在鬧哄哄的教室裡，凱拉許原本的期待與興奮，被疑問所淹沒。他知道，身邊的同學和他一樣無法回答這問題，於是他心中琢磨著向老師尋求答案。上課鈴響，老師帶著課本走進來，還來不及講完所有介紹和注意事項，就看到凱拉許高高的舉起手。

「凱拉許，有問題嗎？」

「老師，我今天早上在校門口看到擦鞋匠帶著他的兒子在幫人擦皮鞋，為什麼他的兒子不用跟我們一樣到學校讀書？」

老師臉上閃過一絲驚訝的表情，但隨即就恢復正常，淡淡的說：「他們已經在那裡工作好幾年了，那就是他們的生活方式，不要去干涉別人家的事。」

旁邊的同學尊敬的望著老師，對老師的陳述似乎不疑有他，是的，那是一個他們都不會經歷、不了解、或許也不會想去了解的世界。凱拉許卻沒辦法被這個說法給說服。

會來這個學校就讀，不是沒有原因的。這是一間名聲很好的私立學校，而這個學校的校長，和凱拉許的父親是很好的朋友。在開學前一個禮拜，這位校長曾到凱拉許家喝茶，那時候他告訴凱拉許，第一天上完課後可以到校長室找他，有什麼問題都可以請校長幫他處理。

凱拉許心想，校長必定懂得比老師多，或許他可以給一個合理的解釋。於是他把早上看到的景象，內心的疑問，以及老師的回答從頭到尾重述了一遍，他好希望校長可以告訴他，爲什麼擦鞋匠的兒子不來上學。

「凱拉許，你喜歡學校嗎？」

「喜歡。」

「今天只是你上學的第一天喔。你還有很多朋友沒有認識，未來也還有很多的東西要學習，不要胡思亂想那麼多，先把自己的課業顧好才是最重要的。」校長沒有想要回答他的問題，讓他很沮喪。

回到家，他好想跟家人們討論這件事，但大家表現的不是漠不關心，就是無能爲力，沒有人要告訴他爲什麼人與人之間存在著這麼大的差異，他氣大家都不誠實面對他的問題。沉寂幾天之後，他想，只剩下一個人可以問了，就是擦鞋匠本人。他要問他爲什麼不送他的孩子來上學，雖然他覺得這件事很可怕，但他知道他必須要提起勇氣。

於是，一天早晨，他步伐堅定地走到鞋匠面前，問說：「爲什麼你不讓你的孩子到學校唸書呢？」

擦鞋匠瞪大了眼睛，看著他，凱拉許也勇敢的迎上他的目光。過了好一會兒，擦鞋匠才垂下眼瞼，瞇起眼睛看著遠方說：「我從來沒想過這個問題啊！我的祖父，小時候就跟著他的爸爸到街上學擦鞋；我的爸爸，小時候也被我祖父帶著學擦鞋；我小的時候，爸爸也這樣帶著我；所以，我現在也一樣帶著我的兒子。」擦鞋匠以爲一切都是這麼理所當然，「巴布姬（註❶），我們這種人和你們不一樣，我們生來就是要工作的！」擦鞋匠爲凱拉許的問題，驟下了一個結論。

「我們生來就是要工作的！」這句話，在有著與生俱來的勇敢與正義感的凱拉許心中，流連不去。這是多麼不公平的世界啊。爲什麼有的人生來就可以讀書，讀書後可以選擇當老師、當醫生、當工程師等自己想要的工作，有些人卻生來就要當擦鞋匠、當清潔工等粗重的工作？生在貧窮的國家、貧窮的村落、甚或是貧窮的家庭，是人們可以選擇的嗎？

那一年，凱拉許六歲。他被社會的現實和麻木所震驚，但年幼的他，並沒有任何能力改變什麼。之後的幾年間，他還是每日看到那個擦鞋匠的孩子，儘管流露出對其他學生的羨慕，卻只能繼續認命的做著工作。

每次看到那個畫面，他就感到憤怒之火在他的心中熊熊燃燒。

「『長大後，我一定要改變這種不公平的狀況！』那時候，我就是這麼在心裡對自己承諾著。」凱拉許話裡隱含的意思是，他不會甘於這不正確的現狀，一定會東山再起。而我，已經全然投入故事中，在那裡看到發光的什麼，暗自期待聽到接下來的情節發展。

更重要的，那也是我第一次發現，憤怒原來可以是這麼正向的力量。

註❶：Babuji，低種姓的人對高種姓的人的尊稱，可翻為「先生」。

當命運來敲門

我想要寫的，是那些處在社會的邊緣，被忽略、被漠視的人的故事，他們的生活、遇到的問題、還有他們的需要等等。

凱拉許有不可否認的聰明才智，順著父母親的期望，他一路辛勤的向學，終以優異的成績拿到碩士學位後，開始到電腦公司上班，職業是人人稱羨的工程師。那是一九八〇年，電子業剛起步的時候，工程師有著極好的收入，那代表著下半生將無須憂慮，他正處於社會金字塔的頂端。但工作一年半後，凱拉許很快認清那不是自己想做的事，於是他毅然決然放棄那象徵身分地位的職業。這期間，不乏發生一些家庭小革命，但家人的不諒解並無法阻擋他，他從未忘記自己的承諾。事實上，整個求學期間，他都不斷志願參與各種社會運動，並且思考自己究竟能爲社會貢獻些什麼。

在學校的時候，凱拉許發現自己有說話和寫作的天賦。他是校刊的編輯，也是辯論比賽的常勝軍，他有獨到的見解，也有優秀的語言表達能力，可以打動人心。因著對自己專長的認識，他想發行雜誌來影響大眾。

「這在當時是一個很新穎的實驗。」他說。「這本雜誌裡，不會有政治、經濟、八卦、色情、暴力、甚至是廣告。我想要寫的，是那些處在社會的邊緣，被忽略、被漠視的人的故事，他們的生活、遇到的問題、還有他們的需要等等。」

學生時代當志工的經驗，讓凱拉許認識到很多特別的人。他們會利用假期，從大城市如德里，到貧窮的鄉下，如比哈爾邦（註❶）的偏遠村落裡去關懷弱勢。這樣的例子，他看到很多。他想要寫這樣的故事。他想要為那些被歧視的人、長久以來被壓迫的人發聲，他也想要讓別人看到有人是積極行動，要讓社會往善的方向進步。用對大眾發行的雜誌，表達自己對這些事情的認識、認同，而特別的是，他也喜歡報導善心行為中的失敗經驗。「成功不能讓你學到什麼，反而是失敗的教訓裡有值得深思和改進的事。」凱拉許說。

那時他還沒獲得家人的認同，沒有經濟來源，他一手包辦雜誌的所有事。他到大街上，和掃地的人聊天，到鄉下，和工作的婦女聊天，就只是聊他們的生活而已。那些從沒人看見的，他要人看見。他自己當攝影師，自己當編輯，自己去裝訂，每天在辦公室忙到深夜，而他的辦公室是與人分租的，大小只有一個房間的一半，用布簾和別人隔開。在電腦和印刷都未像今日進步的那時，出版一本雜誌是很辛苦的。

但他的野心並不僅止於此。除了用雜誌喚醒人們麻木的心靈，他也開始寫陳情信給各個政府單位，並附贈一本他寫的角落故事，要求政府應該爲人民的福祉付出更多。他也寄懇求信給他所知道的有力人士，用種種方法激起輿論對社會不公的討論與關注。

雜誌發行後一鳴驚人，雖然沒有賺大錢，卻讓民眾知道了，有一個叫做凱拉許・薩蒂亞希的人，會爲弱勢族群發聲。這個實驗是個好的開始，凱拉許了解到民眾不是漠然，而是沒有得知正確消息的管道，且沒有人灌輸他們正確的觀念。

幾個月後，當凱拉許正在辦公室裡繼續洋洋灑灑寫著他的抗議信時，有人敲門。

「請問你是凱拉許先生嗎？這本雜誌是你發行的嗎？」甫問完話，還來不及聽到回答，形容枯槁的男子就暈倒在地。

發現男子是因幾天沒進食體力不支而昏倒後，凱拉許趕忙請人去買些食物和奶茶。待他吃飽精神漸回復，才娓娓道來爲何來訪的原因。

原來這名男子名叫瓦沙可汗，他和他的家庭，以及他們那個村落的幾個家庭，十七年前就從自己的家鄉旁遮普邦（註❷）被一群匪徒給綁走，然後被迫在一間製磚工廠工作。工廠在荒涼的地方，外面有高高的圍牆，還有拿槍的人看守著。他們住在茅草屋裡，每天的作息除了吃飯睡覺就是不停的工作。因爲雇主的暴力，讓他們恐懼的不敢逃跑，覺得他們一旦走出圍牆，就會被射殺。如此卑微而被剝削的生活，他們就這樣日復一日的過著，甚至他的女兒薩寶，就是在製磚工廠裡出生的。

直到一天晚上，雇主叫薩寶到他的屋子找他。那時，薩寶已經十五歲了。薩寶的母親因爲擔心，所以偷偷跟去雇主的房子，並且偷聽到雇主正和別人討論，要把薩寶賣掉的事。母親還聽到，雇主和買方在爭論價錢，雇主想以一萬七千元盧比的費用賣出，聲稱自己餵養小女孩已十五年，收這樣的錢是很合理的，但買方卻只願意付一萬兩千元，雙方僵持不下。

母親嚇壞了，趕忙跑回家向瓦沙可汗說這件事，他們既難過又無助，只能不斷向阿拉禱告，祈求真主救救他們的女兒。幸好半夜，女兒安然無恙的回來了，買賣雙方對價錢的沒有共識，救了這孩子一命。逃過一劫後，瓦沙可汗從絕望的谷底湧出不可置信的盼望與勇氣，他發誓要逃出去，向外人求救。

每天都會有大卡車開到工廠裡來載磚。隔天深夜，趁著看守人手較少，車子即將開走時，瓦沙可汗偷偷摸摸的翻上車。多年來第一次離開封閉的世界，他不知道車子要開去哪裡，過了幾天，才發現自己來到了首都—德里。

他開始亂槍打鳥的尋求協助，有人告訴他，這種事情要找律師，於是他去找律師。但他已多年沒有收入了，身上一毛錢也沒有，怎麼可能請得起律師？幸好他遇到一位好心的年輕律師，雖然不能幫他，但給了他凱拉許出版的雜誌。

「這本雜誌的內容都是像你這種人的故事，你去找發行人，也許他能幫你。」律師拍了拍瓦沙可汗，算是無言的鼓勵。

瓦沙可汗將凱拉許視為救出女兒和家庭的最後一絲希望，說著故事的同時，他也不斷的流著淚。那滄桑的面容，佈滿血絲的眼睛，眼神中盡是焦急和不知所措。凱拉許當下決定，他不可能坐視不管，他一定得做些什麼。

似乎快到故事的高潮，身體不由自主的緊繃僵硬，動也不動的專注。要不是凱拉許口渴了需要喝杯水，我可能無法回到現實，這才感到我嘴巴半開，也口乾舌燥的很，趕快喝一大口水，回到全神貫注的狀態。

「其實，在瓦拉可汗出現前，我雖然知道我想為這些人做些事，卻不知道下一步能做什麼。他的來到，或許就是命運的敲門聲，我只是隨著這個契機，將門打開而已。」凱拉許說的淡然，但我知道，要走向那道未知的門，需要的是多麼堅毅的心靈。

註❶：Bihar。
註❷：Punjab。

義無反顧的解救行動

十七年後故鄉變為異鄉，沒有經濟基礎的這群人，難道又要淪回社會的最底層？還要掙扎到什麼時候呢？

下定決心要幫助瓦沙可汗後，凱拉許先打電話回家，徵求妻子的同意，不僅把他們僅有的幾千元貢獻出來，也變賣了一些用品以彌補經費的不足。他也開始號召幾位朋友，向他們募款或借錢，最後，他們決定包一台大卡車，把困在那裡的數十個家庭，一起拯救出來。

車子一路從德里，風塵僕僕的開往旁遮普邦，經過了拉賈斯坦邦的沙漠，在旅程上目睹了黎明、艷陽、夕陽、星空的變幻，自然是如此美麗，卻不能回應凱拉許的心情。「為什麼這種十幾世紀才有的奴隸剝削制度仍然存在於現今的印度？到底還有多少人遭到如此不公平的待遇？」

製磚工廠遠離村莊，在一片荒涼之處自成一格，從卡車上可以看到有個持槍的警衛在看守著入口。不願以暴制暴，凱拉許自告奮勇去說之以理，他要拿出善辯的功力，宣告這群宵小已違反法律，若現在不放人，之後找警察來抓人時，甚至要承擔更重的刑責等等。但，不給凱拉許一展長才的機會，警衛一察覺自己勢單力薄，立刻便逃跑了。他們於是得以進去，把受困的人們全都送上卡車。

但雇主怎可能如此輕易的放過這群供他濫用剝削的勞力呢？警衛很快就帶著援手來了，更扯的是，還有當地的警察攜著槍械一起前來。那本應是正義的代表，此時卻比惡棍更令人痛恨，顛倒是非的說：「你們這樣擅闖民宅是違法的，趕快把人放回去！」想必是官商勾結，受了雇主的賄賂，要不是警察對這行為睜一隻眼閉一隻眼，怎可能囚禁這些人十七年呢？雇主更放肆的說：「我養這群人養了十七年，給他們吃、給他們住，你至少要付上幾百萬盧比才能贖走他們！」嘍囉們更是二話不說就把人們從卡車上給抓下來，一臉凶神惡煞要逞兇鬥狠的樣子，孩子們都嚇的哭了。

凱拉許和另外兩位朋友，沒有抵抗的能力，只有被圍毆的份，用來拍照存證的相機，也被砸的稀巴爛。卡車司機則因爲太害怕受到波及，逕自把車開走了。於是，第一次的搶救行動徹底失敗，瓦沙可汗和其他人再度被關回圍牆內那無人性的工廠，而凱拉許和朋友則全身是傷的被遺棄在荒郊野外，徒步走了好幾十公里，才遇到別人，把他們帶回到最近的城市。

幸好，負責拍照記錄的朋友，是凱拉許辦雜誌時認識的報社攝影記者，他早已把拍好的膠卷放進口袋，雖然損失了相機，但他們仍然擁有珍貴的證據。那些照片，不證自明的控訴不人道的環境以及暴力的箝制。他們趕緊回到德里，發消息給各家媒體，把這件事當成嚴重的議題炒作，並且到高等法院依法條以「違法拘留」的事實請願。

由於罪證確鑿，法官很快就下了判決，判定那些匪徒犯法，並且勒令立刻釋放那些勞工們。這判決一層一層下傳，先到了旁遮普邦政府，再到區政府，最後到村政府，輿論的壓力顯現它的力量。這次，公權力的介入讓他們可以在失敗後短短的一周內，就完成第二次的解救工作。雇主受到刑罰，而這些來自鄉下的純樸民眾們，也終於可以回到家鄉，重回原本恬靜的生活，不用再擔心受怕的過每一天。

但這還不算故事的美好結局，凱拉許決心要讓這件事成爲另一個開端。回到朝思暮想的家鄉固然美好，但也是艱苦無比的新挑戰。十七年後故鄉變爲異鄉，沒有經濟基礎的這群人，難道又要淪回社會的最底層？還要掙扎到什麼時候呢？於是，凱拉許把瓦沙可汗一家人，包括他的女兒薩寶邀請到德里，召集了許多媒體，要爲他們辦一場記者會。

再次來到德里，瓦沙可汗卻有著截然不同的心情，現在，他們自由了。

記者會上有些茶點，當其中一位記者要拿奶茶給薩寶喝時，她拒絕了。記者以爲，孩子不喜歡茶的味道，於是另外去拿了杯牛奶給她。讓人詫異的是，女孩竟以爲這是母奶！原來，出生及生長在與外界隔絕的工廠裡，只喝過母奶的薩寶，根本不知牛奶爲何物。而當有人把印度盧比拿給她的時候，她甚至不知道那是錢，她連一元硬幣都沒見過。很多記者見狀，都心疼的流下淚，他們於是自行發起了募款，有的人捐錢，有的人買食物當贈禮，豐盛有餘，讓瓦沙可汗也能拿回去分給村民。那情景，讓凱拉許感動又欣慰，他才正愁自己也把積蓄花完了，不能幫助這些人面對之後生活的困難。

而呼召，從不曾停止叩門。

一星期之後，如往常，凱拉許仍在他那狹小的辦公室裡工作。又有人找上門來，告訴他：「既然你願意跑到那麼遠去救人，那你知道離德里不到二十公里的郊區，也有一樣的血汗工廠嗎？裡面有一百多個工人從鄉下被人口販運到城市，被監禁在煤礦工廠裡工作已達十五年之久。你願意持續這樣的人道行爲也去解救他們嗎？」於是凱拉許又租了兩輛卡車，成功的救出這群人。

這是至爲關鍵的兩個禮拜，失敗成功等所有事情都在這半個月內發生。「這真是很特別的事，我從來沒有想過要成立非政府組織。」凱拉許微笑，「你知道嗎？很多機構是因著理想或理念而成立，成立後才去想怎麼執行，所以有時沒有足夠的實踐力；但『拯救童年運動』並不是這樣，它是先有了實際的『行動』，並看到成效後，才開始聚集人們的信念和成立機構。」

與凱拉許一起回溯到一九八〇年代，好像穿梭在時間長廊，看到我生命之前的未知，就有如此強大的信念在醞釀和發酵，自我及眼界被擴展了，血液也開始慢慢沸騰起來。「事實上，我一直不認爲『拯救童年運動』只是一個組織，那限制了它。它該是一項社會運動，從底層而起呼喚著改變的政治與思想運動……。」創辦人的眼光飄向遠方，似乎在看著記憶的跑馬燈，敘說著這三十年一路走來的點點滴滴。

我想起《牧羊少年奇幻之旅》裡的一段話：「當你真心渴望追求某種事物的話，整個宇宙都會聯合起來幫你完成。」真的是這樣啊！

記憶的片段，不停的播放著，而我們，仍然在創造歷史。

你很特別

除了語言，人與人之間還有很多其他方式可以溝通，例如眼神。眼神是騙不了人的，表情可以假裝，但眼睛，直接透露了你的心。

「請問您對志工們有什麼期待？有沒有什麼建議讓我們一起把服務做得更好，也延長對志工的效應呢？」

記得第一次到『拯救童年運動』的辦公室洽談合作事宜時，身爲志工督導的艾巴用了『訊息大使』這個詞，表達了對我們的期待。多數已開發國家並沒有童工，所以民眾對這個議題並沒有認識或覺知。但往往，這些國家從發展中國家進口的物品，有許多卻是經由童工之手製成。因此，『拯救童年運動』期待讓這個議題更國際化，讓全世界的人都能認識到這樣的不公義，進而一點一點的促成改變。

但我們總不會覺得這樣足夠。沒有一蹴可及的完美，只能期許一次比一次更好。

「你知道嗎？我覺得你們都很特別，並且因為你們的特別，你們現在坐在這裡和我聊童工的事，或是像其他人在圖書館裡，幫小朋友上課。」凱拉許說。

「我覺得台灣的志工很不一樣，甚至可以說是最棒的，雖然我們沒有天天待在童工之家，但我們會聽孩子們說，他們覺得跟台灣志工的連結很強烈。這裡有很多人來，但他們有自己要尋找的東西，他們有時參與，有時不參與，隨他們的心情而定。他們也陪伴，但孩子們並不特別親近他們。但是你們，每天的作息就配合著孩子的作息，需要的時候一定會在旁邊，這些，孩子們都感受的到。」

「你們知道嗎？離開的時候，你們的志工太感性，都捨不得的哭了。」他說。

「我知道，他們非常想念這邊的孩子，我想，他們在這裡也學到了很多。」我說。

「但你可能不知道，志工們走後，孩子們也都哭了，這對我們來說真是一件很驚喜的事！你知道這群孩子的，他們在很多部分曾受過傷害，要他們與別人建立一段真誠且深厚的關係，其實很困難，有時候連我們都很難辦到。可是，台灣志工卻可以打動這群孩子的心，我想，他們表現出來的愛與關懷，孩子們都點滴記在心頭。」

我知道，這不是任何一個數據可以表現出來的效益。我也深知，有時候會讓志工們不斷再回來的原因，是不需要多加剖析的真情。

「所以，在情意層面，台灣的志工有獨特的能力。不知道你們是怎麼帶領他們的，但不止孩子、其他老師和工作人員都對台灣志工讚譽有加，你們來到這裡，很自然的就成了當地人。」

「可是，我們不會說你們的語言，會不會造成隔閡？」我問。

「語言絕對不是問題，有些孩子來自不同邦，也不會說印地語啊。除了語言，人與人之間還有很多其他方式可以溝通，例如眼神。眼神是騙不了人的，表情可以假裝，但眼睛，直接透露了你的心。你們的心都是乾淨無瑕的，所以你們願意來到這裡，陪伴這群孩子。

童工之家是個很神奇的地方，你知道，看到童工是令人痛苦的。看到年僅五歲的孩子就要被迫在地毯工廠工作，在灰暗的小房間裡用幾百條線織著細密的地毯，眼睛都快瞎了；看到未滿十歲的孩子在路邊攤煮奶茶當僕役，被老闆和客人不留情面的使喚與責罵，眼裡盡是空洞。這其中，許多的悲傷和憤怒等負面情緒參雜，你會問自己：『該如何是好？』可是來到童工之家，你將看到回應。在這裡，你仍然可以認識童工議題，甚至不僅僅是認識，你大可去觸摸、去感受、去提問、去衝撞、去扭轉關於童工的一切，因為這群被解救出來的孩子就在這裡。他們的活力和笑容，讓你掃去了無能為力的憂愁，也是最鼓舞人心的答案！」凱拉許欣慰的說。

是的，這就是童工之家的魅力，孩子們的快樂讓我知道一切都是可以被改變的。雨過天青後的天空，更加澄淨而美麗。

「其實昨天我和整個團隊也在討論，未來怎麼樣繼續和你們合作，一起把志工服務發揮到最大的功效，結果我們後來一致想到了『友善兒童村莊計畫』。

就因為你們很特別，所以你們不論到哪裡都可以把自己照顧得很好，都能夠融入當地，都能讓自己還有旁人開心。但除了快樂之外，或許我們還可以想得更深一點。我要說的是，志工的服務對象，經過了這些日子，有沒有感受到被賦權了？而志工們本身，有沒有也從這個活動中，感受到自己被賦權了？」

賦權，是近幾十年才流行起來的字，白話的意思是說，這個活動，有沒有讓服務對象和志工本身，都看到自己的能力，特別是「掌控和改變現狀的潛能」。『拯救童年運動』期待志工們成爲訊息大使，讓他們回台灣後可以將童工議題分享或介紹給更多人；我們則希望透過出走的衝擊，讓志工們更關注社會上重要的議題，並且有更多投入。所以，服務隊的這十四天其實是十分關鍵且重要的，要讓他們相信，他們能透過自己的參與改變些什麼，他們就會更積極的參與，因爲他們也想要成爲改變力量的一部分。

『拯救童年運動』在鄉間有超過四百多個友善兒童村莊，他們期待我們從下個年度開始，要將服務的觸角從童工之家延伸出去，擴展到拉賈斯坦附近還有其他邦的友善兒童村莊。

「我們在村子裡推行的，首要之務是從教育層面著手，讓村子裡的每個孩子都去上學，並且，幫助孩子們組織自己的委員會，讓他們透過這樣的系統，爲自己發聲。

以我們的人力，要推行這樣的工作會有點吃力，但若志工隊能一同參與，到村子裡生活和融入，在學校裡宣導正確觀念，一定會有很大的影響力！我們看過你們訪問村子後的效應，各方面指標都非常正向，我們相信這樣的服務型態最能滿足雙方對志工的期待。」凱拉許熱切的說。

能夠進入村子裡體驗生活，一直是我們最嚮往的事。感動於凱拉許對彼此合作的細膩思考，我滿臉脹紅，像是千里馬遇見了伯樂一般激動。

「你們太客氣了啦！」我雖笑著，眼角卻流下一滴淚，晶瑩剔透的像顆寶石一般。

狂喜

看到幾個孩子已經躺在地上享受雨水的洗滌，我也索性和孩子們一起躺下，欣賞從天而下的點點雨滴。美，從那個剎那蔓延開來；而那一刻的喜悅，似乎也像抵達了永恆。

什麼叫做狂喜，或許那一晚正是一種見證。

我們和『拯救童年運動』在各邦各村子裡推動「友善兒童村莊計畫」的社會運動家們（註❶）一同坐在會議廳的戶外場地，聆聽凱拉許分享他在各國的文化經驗。水泥地面鋪上數片薄毯子，沒有任何講臺、講桌，也沒有人站著，凱拉許一如其他人，舒適的盤腿坐著。毯子外，是數十雙各種式樣的拖鞋，黃土灰塵很自然的融入，不需要特別的場地或形式來塑造氣氛，這就是他們最直接的傳授。

坐在最前方的凱拉許，從印度講到泰國、歐洲和非洲，我卻不可思議自己身處在印度的鄉間。凱拉許略爲厚重的眼鏡彷佛就像是一扇連到外面世界的窗，而他是最稱職的播報員，把各國的文化、習慣、歷史帶回來，讓這群很快又要回鄉推展教育的夥伴，可以了解知識的重要。

我被視爲是客人，所以被邀請到凱拉許隔壁的隔壁就座，因此可以對每個人的表情一目了然。那專注和渴望震撼了我，他們是如此的認真。服務夥伴雨樵說：「那是因爲他們真的想要。」這些社會運動家，有的人已在這崗位上打拼了十幾年，我打從心裡佩服那幾個已灰髮蒼蒼，但還活力四射的阿伯。他們得不停奔忙，和社區領袖溝通，讓村子重視教育，也要和政府代表溝通，讓經費能確實運用在需要的地方。他們必須親近他們的人民，也必須受人敬重，別人才能信服進而採用他們的建議。

凱拉許說話的魅力正不由自主的展現，視他爲標竿的人也把握著機會仔細聆聽，但我卻被身旁的景像吸引而不由自主的分心。因爲太陽快下山前，天空起了劇烈變化。起風了，空地旁的樹枝葉子都被吹的胡亂翻飛，偶爾還被吹到彎腰擺頭。頭頂上，順著風勢的吹送和擠壓，越積越厚的雲層阻擋了陽光形成陰影。不見晚霞之美，天空變成灰濛濛一片，而雲朵之間的正負離子不斷相互作用，在沒有任何高樓的空曠土地上，閃電的紫色光芒像霓虹燈般從四面八方，以不同的節奏迸發，不停反覆閃爍。坐在我右手邊，現職爲『拯救童年運動』執行長的達南傑在我耳邊悄聲說：「看來今晚將有暴風雨。」入夜後變暗的天色，更讓人不禁預感雨是否隨時都可能傾盆而下。

但印度人仍是如此的怡然自得，沒有人對即將到來的暴雨有任何焦慮，他們不解未雨綢繆之用意，我想，就連凱拉許也不在乎吧。天幾乎全黑，都快看不清楚眾人的表情了，而稍閃即逝的閃電，沒有固定方向亂吹亂颳的強風，讓我有置身在科幻電影或災難片裡的錯覺。

雨，在某個時刻達到一定重量，就這樣毫不留情淅瀝嘩啦的落了下來。沒有任何疏散，每個人都淋濕了，還好大家默契好反應又夠快，不消幾秒鐘就把地毯和麥克風音箱收到會議廳裡。但即便如此，對於他們等到最後一刻才行動這件事，我還是很訝異，直到看見大家全身濕淋淋還神色自若、甚至是面帶笑容的談天說地時，我放下了自己的習慣與執著。

雨勢之滂沱像是有人偷偷站在雲上，不停用大水桶倒水下來似的。可不多時，就看見凱拉許和蘇美妲夫婦倆，開始帶著一些工作人員和小孩走進雨中跳舞。孩子們有時自己唱歌配樂，有時也放光碟，而他們臉上開始有了豐富的表情，充滿笑意的眼睛，這是享受、解放、快樂的時刻。

蘇美妲滿心歡喜的拉我共舞，可剛開始我一點也不自在，不願別人看到我的「肢體不協調」。然而，當大雨沖刷掉終日黏在身上的煩躁和不安，似乎也洗掉我對別人眼光和評價的太多在乎，於是終於甩開自己在台灣慣有的彆扭和扭捏，衝進雨中讓自己被大雨洗禮，隨著音樂放鬆的舞動自己。

大雨淋得痛快，眾人笑得開懷。舞曲一首接一首的放，看到幾個孩子已經躺在地上享受雨水的洗滌，我也索性和孩子們一起躺下，欣賞從天而下的點點雨滴。美，從那個剎那蔓延開來；而那一刻的喜悅，似乎也像抵達了永恆。

就像凱拉許說的，在這裡見證到的，是與苦難所對抗的快樂。誰說印度文化只講求來生，不在乎當下？在傾盆大雨下，那跳脫所有的，或是超越所有的，是純然身體感官的釋放。我們隨著音樂的流轉舞動身體，把自己內在的能量充分的舞出來，那些情緒，好的不好的，脆弱的強烈的，都一併被雨水給沖刷殆盡。在舞蹈中，沒有性別差異，沒有上下階級，眾人讓身體代替嘴巴說話表達，讓心靈代替腦袋去盡情表現，而非去計算正確或完美。在舞蹈裡，每個人可以各自表述，自由揮灑。

那是充滿了喜悅的笑臉，任誰都不能從那場慶典中看到傷害的痕跡。那是人們發自內心感激大自然最誠懇的表現，因爲沙漠的雨，是如此被渴求，是多麼難能可貴的禮物。

時間隨著水流隨著樂聲流逝，但誰又真正在乎呢？原本八點的晚餐時間，自動延後到了晚上九點半，但所有人只有滿足，沒有怨懟。時間的分配，真的如此重要嗎？還是因爲我們自己過於忙碌了？

這是印度的生活，不斷的推遲和延後，卻不是沒有終點。

盡興狂歡後，我學習放下自己給的不必要壓力，愛上隨性的美。

註❶：social activists。

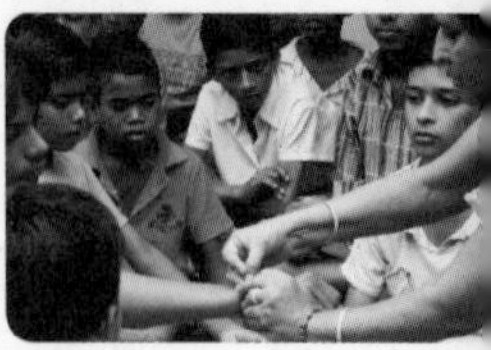

生日快樂

氣氛似乎凝聚在一個鉤子上，有些緊繃、非常沉重，但也有強烈的專注。剛來不久、年紀很小又瘦弱的馬尼許忽然站起來說了一些話，敘述的同時，眼淚也不受控制的流下。

住在童工之家的孩子，來自四面八方。生長於不同邦，或許就講不同的語言，可能也有不同宗教信仰和習慣。在不同背景的環境裡工作，那些他們背後曾經歷的遭遇，更是一則又一則讓人心酸難耐的故事。

例如維蕭，他在很年幼時就走失，當初也許是被人拐走，早已無法考證。被『拯救童年運動』發現的時候，他才七歲，是個不折不扣的街童，受幫派控制，在齋浦火車站附近乞討爲生。街上混亂的生活，讓他成癮於煙酒，年紀小小卻早已迷失到不記得自己的名字和家鄉。

失去記憶就像失了根，孩子們無所依靠，只能用直覺去應對在他面前的種種困境。於是，『拯救童年運動』把孩子們被送到童工之家的那天訂爲他們的生日，一方面也藉此象徵他們的重生，希望他們往後可以重新有目標、有尊嚴的向前，忘卻那段痛苦被剝削的日子。

我們是怎麼慶祝生日的呢？充滿鮮奶油雕花的蛋糕上，插著和年紀一樣數量的蠟燭。孩子頭上戴著色彩繽紛的尖尖生日帽，爸媽在旁幫忙唱著生日快樂歌。許完願後，吹熄蠟燭，就有甜蜜滋味的蛋糕可以享用，或許還可以收到夢寐以求的生日禮物。生日是喜悅的，因爲，生命是喜悅的。

童工之家裡又是怎麼慶祝生日呢？沒有物質性的禮物，他們有的只是一場完全跳脫我們思維框架外的儀式。或許我理解的不多，但過程中深刻體會到他們想傳遞的意義，每個用心的小細節，都讓我反覆咀嚼、回味再三。

星期日，結束每天早晨例行的晨禱、運動、瑜珈，孩子們沒有立刻去戶外進行他們的清掃工作，而是聚集在宿舍空地旁的一個小走廊，預備幾項用品。金蘇從器具間拿出一個長寬各約三十公分，高約十五公分的方形小鐵爐，還有幾個鋁製小壺，壺裡裝滿了水，水上撒了幾片薄荷葉。修邦到宿舍後面的樹叢撿了幾根枯枝，作爲生火的木柴。阿瑪拉到宿舍門口的樹上摘了一整盤黃花，矮小的英地亞懷抱著一大罐糖餅，巴廣則拿了幾本文字密密麻麻的經書。一切準備就緒後，他們靜靜的等待巴比姬（註❶）的到來。

身著橘色紗麗的婦女緩緩走進宿舍，尚未坐定以前，所有孩子紛紛跑向前，低頭彎身先用右手摸她的腳趾，再把同一隻手放到額頭上，然後是胸前心臟的位子，以示對她的尊敬。她是蘇美妲．薩蒂亞希，凱拉許的妻子，也是童工之家的創辦人。對於孩子們來說，她是充滿愛的光輝的母性角色。

她帶著滿臉溫柔的笑容，輕輕拍拍孩子們的頭，和他們寒暄幾句，然後就坐在爐子前，要開始主持今天的慶生儀式了。孩子們看到她閉上眼，擺起手勢，也立刻停止和旁邊的人喧鬧，盤起腿，安靜下來，雙手的大拇指和食指合起來，其餘三指伸直，然後輕輕的將手分別放在兩邊的膝蓋上，齊聲念起「唵」（註❷）。隨著規律的吸納和念誦，大家的呼吸逐漸變得深沉且一致，然後，蘇美妲打開一本經文，帶頭念起其中的一段。我忍不住問身旁的金蘇，這是什麼文字？現在進行的是宗教儀式嗎？

「這是梵文 (Sanskrit) 典籍喔！梵文是全世界最古老的語言，有許多語言都是由梵文衍生而出，也是印度的古文。」

「那你們念的這段，是什麼意思呢？」

「是在感恩我們所得的一切，還有訴說我們每個人都是平等的。」

小方爐搖身一變成了個小祭壇似的，阿瑪拉幫忙點燃火種，蘇美姐則將木頭放進火裡，然後用湯匙慢慢澆上油繼續燒。每一個動作都如此輕柔富詩意，充滿了寧靜的虔敬。火苗順利燃起，橘黃色的火焰漸漸吞噬四周的木柴後，她開口說話：

「世界上每個人都應該是平等的。你看，就以太陽為例，它提供每個人光和熱，並不因為孰優孰劣而有所不同。假設今天有兩個剛出生的小嬰兒，你們看得出來他們是信仰哪個宗教的嗎？單從外表，你們分的出巴廣和巴拉特，誰是印度教徒，誰是伊斯蘭教徒嗎？」

「分不出來。」孩子們齊聲答。

「但你們是不是好朋友？」蘇美姐轉而問他們兩個。

「是！」他們一起喜悅的回答。

「孩子們，我們真正該信仰應是『人性』。我要告訴你們，各個宗教裡偉大的聖人從不強調歧異，是後人為了鞏固自己的社群才去分別彼此。也許你的家庭會要你遵循家族的傳統信仰，但請不要忘記每個人都同樣有著基本的權利。你身邊的每個人都是你的兄弟姊妹，就像經文裡提到的，你要愛他們。」

印度是世界上第二大國，有近十億人口，一直以來，因種族和宗教衝突而衍生的恐怖事件，在人民心中蒙上了一層陰影。現在，正是改變和建立孩子們心態的最佳時機，我看著蘇美妲認真對待每孩子的神情，為孩子們能在這裡學到正確的態度而動容不已。

「每個孩子都有四種基本權利：就是獲得食物、教育、玩樂和被愛的權利。也許你們曾經有過很悲慘的經歷，但那並不正確，任何暴力、剝削等傷害之事都該被譴責。你們知道嗎？上星期，德里發生了一件悲劇。有一個家務童工被發現陳屍在雇主家裡。他叫迪利，今年十二歲，他被發現時全身是傷，據研判是被雇主毆打致死的。這是非常殘忍且不應被允許的事，應該要有人把這些事說出來，更應該要有人做點什麼。

你們是有力量的，千萬不要小看自己的力量，若你們能告訴別人童工問題，若你們能將自己的遭遇當成最好的反例，你們將可以幫助很多人。」

氣氛似乎凝聚在一個鉤子上，有些緊繃、非常沉重，但也有強烈的專注。剛來不久、年紀很小又瘦弱的馬尼許忽然站起來說了一些話，敘述的同時，眼淚也不受控制的流下。原來，馬尼許是因爲想起過去被雇主虐待的情景，一時太難過就哭了。但他最後也說他很感激能來到童工之家，讓他重新找回當一個孩子自由自在的感覺。

眼前的這群孩子，曾過著什麼樣的生活呢？是我能夠想像的嗎？

當儀式進行到尾聲時，蘇美妲把糖餅丟進火堆中。觀察到我困惑的神情，金蘇說：「糖很甜很好吃，對吧？它算是人類最珍貴的寶物之一，所以燒糖就表示我們願意將自己所擁有的東西當中最好的，都奉獻給他人。」

這真的不是一首「祝你生日快樂」就能簡單帶過的慶祝會。公平、正義、尊重、助人等品格和信念的建立，全都在這短短半小時一次傳達完畢。經歷了這場饗宴，我相信孩子們獲得了安慰和力量，讓他們可以把創傷化爲勇士的印記。是的，他們重生了，而且將成爲更好的人。

當儀式進行到尾聲時，我們邀請壽星站到中間，讓其他孩子爲他祈福。

他們把一朵朵的黃花往壽星身上丟，或是調皮的抓起一大把直接塞進他的T恤裡，用各種淘氣的方式，表示對他的祝福。然後他們唱起歌，修邦更迅速的備好鼓，要打出歡愉的節奏讓壽星盡情狂舞。

也不知道這是不是印度的生日歌，總之當音樂一下：「蕾嘛嘛蕾嘛嘛蕾……蕾嘛嘛蕾嘛嘛蕾……，」大夥兒便扯開喉嚨高聲唱著，笑聲和尖叫聲不絕於耳，舞動的歡樂氣氛，又再度嗨翻全場。

註❶：Bhabhi Jee。印地語對大哥妻子的謙稱，在這裡表示對創辦人夫人蘇美妲的尊敬。

註❷：唵(om)。在萬物之初是至高無上的語言，而語言創造出了萬物，這個語言就是唵。如果在極致的寧靜中靜心，你可以聽到唵的聲音就在你內在。萬物是由這個唵創造出來的，它是最原始的聲音，或是整個宇宙震動所發生出的聲音。這個神聖的聲音有創造、維持與摧毀的力量，給予整個存在生命與運行。

勇氣

我的缺乏憤怒和激進，是不是因為自己一路被包裹在舒適的環境底下成長？我更赤裸裸的認識到，自己從不知道可以從這個角度看事情！

如果說，凱拉許是對外抗爭的長矛，那麼，蘇美姐就是保護家園的盾牌。她把童工之家的每個孩子都看成是自己的孩子，了解他們的喜怒哀樂，在他們與父母分離的過程中，成爲他們最好的支持。和蘇美姐在一起，很難不被她的溫暖和柔軟融化，而她那堅毅的雙眼，更有讓人看著她就感到安全的魔力。

「我也常參與到工廠解救童工的突襲行動，不過我的工作比較特別，不是去衝鋒陷陣或斡旋協商，而是去安撫那些剛被帶出來的童工。

解救的過程通常很混亂，有時甚至有衝突發生，那些幼小的孩子不知道我們是來幫他的，還以爲又要被賣到什麼地方，會哭會怕會想逃走。所以我會在那裡，擁抱他們還有陪他們說話，讓他們知道從今以後他們都將是安全的，一切都沒事了。」

好細膩的作法。激烈地與不公戰鬥的同時，也懂得回頭照料受傷孩子們的感受。療癒和正義，有著同等重要的地位。無條件的愛在發光，雖然很微弱，但我看到這群孩子的幸福。

「那可以跟我們分享他們來這裡以後，有什麼改變嗎？」我問。想藉蘇美姐的眼睛，去看孩子們改變的歷程。而聽她分享孩子們的故事時，我才真正發現孩子們的改變，不僅僅只是去上學受教育那麼簡單，而是像凱拉許說的，內心深處價值觀與態度的轉變。

阿傑是個來自比哈爾邦的小男孩，他來的時候才八歲，在童工之家住了六年後回家。可是回家後，原本對家庭美好的想像瞬間破滅，他發現父親有酗酒的習慣，酒醉後還會對家人暴力相向。他覺得這不應該，便試著和父親說理，可父親不聽勸，依然故我，於是他開始絕食抗議。母親一開始很害怕，覺得若丈夫不開心，大家都會受苦，但阿傑卻不因懼怕而停止，他告訴媽媽：「我們沒有做錯事，所以我們不用害怕。」第二天，他繼續絕食，第三天、第四天也都是如此。最後，阿傑的堅決感染了全家，其他兄弟姊妹也一起爲了勸爸爸戒酒而絕食，爸爸只好承諾改掉這惡習。

童工之家明令禁煙禁酒，但回到村子裡，阿傑發現除了爸爸，好多男人都有同樣的陋習，他開始思考，到底是什麼原因讓他們不斷酗酒？他觀察到，村子裡最熱鬧的地方開了一間酒舖，每天大排長龍，人滿爲患。是酒的過於容易取得，間接培養了男人們喝酒的癮頭，他決心要根除這個禍源。

在童工之家時，老師和大哥哥們會和他們分享一些他從來沒想過的事，引導並訓練他們思考。以前他從不知道，童工是不合法的，對他而言，這就是人生。但在童工之家他學到，他有權爭取自己的權利，甚至爲了正確的事情去奮鬥。所以，怎麼告訴別人童工問題的存在，讓他們重視這個議題，或如何說動別人一起參與搶救計畫等等的技巧，他都在這裡生活時耳濡目染的學習與吸收。回到村子，阿傑才發現自己和其他人不一樣。多數人只會承受或等待，他們不懂得看到自己內在的能力，不知道自己可能促成改變。

『拯救童年運動』的精神，早已滲入了阿傑的靈魂，他血液裡流著的，再也不是人們所說的「認命」。知識和信念改變了他，曾經聽說過的成功經驗也鼓舞著他，他知道必須先讓身邊的人覺醒過來。於是他召集朋友聯署和聲援，也到家家戶戶拜訪，說服他們加入行動，一起到警察局請求警察們執行公權力，將售酒的店勒令停業。但，天真的孩子殊不知，這裡的警察早已被買通，這家店才能無所顧忌的隻手遮天。警察不把這群乳臭未乾的小子放在眼裡，訓斥了幾句後，便趕他們回家。

不過，『拯救童年運動』教育中成功的地方，就在於他們不輕言放棄。他們再次前來，在警局前靜坐抗議，更揚言：「若警察不給他們一個交代，他們就不走。」這股群眾示威壓力最終逼著警局有所回應，他們成功的讓那間店歇業，也間接教育了村民們酗酒的壞處。

敘述這段往事的時候，蘇美妲臉上散發驕傲的光采。「還不只這樣呢，這只是其中一件而已。」接著她說起阿傑另一項更了不起的成就。

雖然種姓制度早已被廢除多年，但在資訊不流通的鄉下，因種姓制度遺毒而引起的歧視，還是影響了許多人。平等的觀念深植在阿傑心裡，所以當他到村裡的學校上學，發現有位高種姓的老師拒絕教低種姓的學生時，心中的憤怒油然而生。他不可能改變老師的心態，也沒辦法罷免老師，畢竟教師是一份公職。「但，真的無路可走了嗎？」他想。

其實，他身邊早就有一群值得信賴的夥伴，因為有他，許多同學們都感覺自己更有力量也更安全。於是他們一起發想和討論，最後決定，他們要向其他同學或家長募款，既然趕不走這個不稱職的老師，去請別的老師來上課總可以吧，他們後來在隔壁村找到一個願意幫他們上課的退休老師。阿傑帶領著同學再度證明，孩子們不是脆弱無抵抗能力的，只要有知識和正確的觀念，勇氣就會伴隨著出現，而改變，就在咫尺可及的地方。

「你知道維傑、還有總老師帕凡吧！」蘇美姐問，「他們以前也是童工，都是被我們救出來的。因為認同這裡的理念，所以留下來工作。」

這真是出乎我意料，原先只單純的以為他們是員工，卻不知道他們也有這樣一段過去，更佩服他們對於『拯救童年運動』的使命感，支持他們留在這裡工作十幾年。一直非常喜歡笑容燦爛和開朗的維傑，他的右手少了最後兩截，我從來都沒問為什麼，如今才得知或許是因為過去……。

「每次維傑放假回家鄉時，他一定會去找那些輟學的孩子，並以自己的經驗為例，告訴他們讀書的重要性。建立好他們的心態後，就帶他們去註冊，有時一次五十個，有時更多……。如果他自己沒辦法在假期內處理好，就拜託朋友們，繼續追蹤和完成送孩子上學的這件事。

「他們都好勇敢喔！」我說。卻不足以表達我內心的澎湃。

『拯救童年運動』裡的每一個人，都閃耀著鑽石般耀眼的光芒，那錘鍊過後的光采，和他們的生命緊緊交織在一起。曾經難以承受的痛苦，如今都轉換成讓世界更公平正義的推動力。他們用自己的故事，去映襯出社會的不公；但他們也用自己的生命，去打破那些看似堅不可摧的邪惡。

腦海裡忽然間浮現一個問題：「我，覺醒了嗎？」我從來都不是一個激進的人，也從不懂得激進的意義，在我的字典裡，或許「激進」一直被視爲負面的詞語。但這趟旅程，卻讓我重新回頭省視：我的缺乏憤怒和激進，是不是因爲自己一路被包裹在舒適的環境底下成長？我更赤裸裸的認識到，自己從不知道可以從這個角度看事情！

人們爲何認命，又爲何麻木呢？或許，許多尙未覺醒的印度人，就像是塞利格曼制約實驗（註❶）裡的狗狗一樣，因爲被電擊了太多次，導致最後即使沒有通電，牠也不敢去吃食物一樣，直覺裡該有的嘗試勇氣已經被消耗殆盡了吧！所以我們才會需要教育。知識讓我們擺脫淪爲被行爲制約、機械反應的下場，給了我們判斷能力，也給了信念最堅固的支持，當然，也帶給我們勇氣。

但我爲什麼還是這麼不勇敢呢？會不會是我一直都只把焦點放在自己身上，對其他事情太冷漠的緣故？

看到了他們的故事，我又怎能不要求自己，要更勇敢一點呢？

謝謝你們，以勇氣澆灌了，徬徨的我。

註❶：Martin Seligman，美國心理學家。塞利格曼於1967年用狗作了一項經典實驗，起初把狗關在籠子里，只要蜂音器一響，就給以難受的電擊，狗關在籠子裡逃避不了電擊，多次實驗後，蜂音器一響，即使在給電擊前，就已先把籠門打開，此時狗不但不會逃出，反而是不等電擊出現就先倒在地上呻吟和顫抖。本來可以主動地逃避如今卻絕望地等待痛苦的來臨，便是這種制約可怕的地方，後人也稱這為「習得性無助」

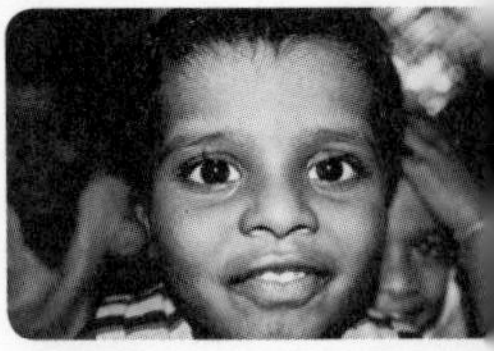

懂事

在你的生命中，總不斷有新的人進來、舊的人離開。如果每次分離都要悲傷，那你就不能好好享受當下的快樂。

「在七歲以前，我沒有上過學，只跟著爸爸一起工作。我爸爸是一個清潔工，以收集廢物賺錢，他有一輛自己的車，每天開去收垃圾。我呢，則充當他的助手，有時候一起幫忙清掃，沒有特定工作時也到街上向路人乞討。可能我原本就會一直這麼工作下去，但很幸運的是，工作快一年後，有一天一個人走到我爸爸面前，問他說：『你爲什麼不送你的孩子去學校呢？』這個人是『拯救童年運動』的主席拉瑪珊卡(Rama Shankar)，他和我們是同鄉，都是來自北方邦（註❶）鄰近瓦拉納西（註❷）的米爾薩普（註❸）。

我爸爸開始認真思索這個問題，但他不情願的說：『我沒錢送他去念書。』我媽媽是家庭主婦，而我是家中的老大，後面還有三個弟弟和兩個妹妹，我知道父親考慮的是家計問題。

於是拉瑪珊卡開始正式的向爸爸自我介紹，告訴他自己在做的工作是解救童工，並且嘗試說服他讀書的重要性。然後他說：『如果你真的沒能力，讓他跟著我吧！我會把他送到童工之家，讓他在那裡受教育，之後，我會讓你看到他的發展，你就知道未來怎麼做才是真正的愛孩子。』」

和我分享這些故事的時候，金蘇已經十四歲了，我們仍舊在童工之家裡，坐在石砌的椅子上，陽光從樹葉的隙縫鑽進來，灑在身上有種我們在發光的錯覺。我專注的聽著金蘇訴說每段細節，沒有風，只有斗大的汗珠不停滑落，在等待他努力搜尋英文字彙的短暫停頓中，那些從他口中說出的字，到我腦裡轉化編碼為電影般的動態畫面。

「因為從來沒有受過教育，剛來童工之家時我先接受非正式教育，等半年後能力檢定合格才開始到附近的村子念四年級。現在，我已經十一年級了。」

「但童工之家一般不是只收容一年嗎？為什麼你會待在這裡這麼久呢？」算一算，金蘇已經在這裡七年了。

「『拯救童年運動』會看各個家庭的狀況，因爲我爸爸的收入還是很不穩定，如果我回家的話很可能輟學，所以他們決定讓我留在這裡。我很感恩能有繼續讀書的機會。」

「那你的兄弟姊妹呢？」

「我的大弟畢魯現在也住在這裡喔，讀九年級，其他的都留在家鄉。大妹念八年級，二弟念四年級，年紀較小的弟妹還沒念書。」

「那麼，你有計畫什麼時候回家嗎？」

「嗯，我不知道⋯⋯」

金蘇一年可以利用暑假回一次家，平時也可以和家人通電話，只是回家的路，還很遙遠。

「那你喜歡這裡嗎？」

「當然！我知道的所有一切，都是童工之家給我的。我已成就的事，我現在努力的事，甚至是我未來要做的事，全都是因爲這裡。」

「你自己又是怎麼看童工問題的呢？」我想試著從孩子的角度來看這件事。

「我覺得最大的問題是文盲。印度還有太多人沒有受教育，那些人不知道教育的重要性，更不知道他們自己有基本的權利。

人口過多也是原因，父母沒能力負擔家計，於是送小孩去工作以賺錢養家，但他們卻不知道那些機械式工作如製酒、織地毯或做手環等，不論是過長的工時或糟糕的工作環境，都可能讓孩子身心受創而導致許多後遺症。

還有童養媳的問題，有些家長認爲孩子年紀越大，他們爲了婚禮而要負擔的費用就越高，所以在孩子很小的時候就先把他賣給別人。在比哈爾邦，買一頭牛要二萬盧比，但只要五百盧比就能買到一個孩子，被賣掉的女兒在新家庭裡，不是拿來呵護，而是拿來工作的。

最後，是人口販運，許多孩子不幸成爲童工，是因父母被人口販子所欺騙。人蛇集團仗著鄉下人沒見過世面，將到都市打工的好處講的引人入勝，騙說不但可以讓孩子爲家裡賺錢，又可以讓孩子們在工作之餘去上課。他們會先給父母一筆錢，稱作是孩子們打工的預付款來誘惑他們，殊不知，這第一筆往往也是最後一筆。孩子們被帶走後，父母完全失去孩子的音訊。這些孩子，被賣到工廠裡充當廉價勞工，遭到非常嚴苛的待遇。」

『拯救童年運動』一直很重視在孩子當中培養意見領袖，而金蘇有這個特質。他認真上進，在班上總是名列前茅；他體貼又穩重，不多話但會主動坐在我們身旁，若我們有需要立刻補上，若我們有問題他也熱心解答。不笑的時候，他的神情總像是在沉思什麼，眉頭微蹙，洩漏了他的早熟；但他對童工之家裡的弟弟們笑起來時，又是這麼真摯的溫柔，那關愛也從眼神中流露。這些細膩的舉動我都看在眼裡，懂事的孩子往往最令我心疼與牽掛。

「『拯救童年運動』解救童工後，會先將孩子們送到三個月的收容所——自由之家 (Mukti Ashram)，這地方處在德里郊區，二十四小時有管理員，以防工廠雇主隨時找上門報復。在這期間，『拯救童年運動』會開始幫他們準備證明文件，以向政府申請至少二萬盧比的補償金，還有每個禮拜一百盧比的生活費，並試著連絡他們的家人，了解父母們是在怎樣的情況下把孩子送去當童工。若家庭的經濟許可，孩子們將在三個月後回家與家人們團聚；若家裡經濟拮据，家庭則可再幫孩子申請到童工之家入住，讓孩子們在這裡受一年的銜接教育。」

「剛來的孩子一定很害怕吧，你們都怎麼做？」

「我算是最年長的孩子之一，所以我的責任是幫助新來的弟弟們趕快適應。他們也許會怕老師，但他們跟我可以很放鬆且隨性的聊天。我也常分享自己的經驗，讓他們覺得自己並不孤單，願意打開自己。」

「你真是他們的模範！」我說。但其實我不知說什麼才好，說什麼都無法表達我內心的觸動。

「你喜歡來自世界各地的志工嗎？台灣志工來了這麼多次，你覺得他們有什麼不同嗎？」我總覺得金蘇可能比我更有國際觀。

「我喜歡認識不同國家的人，從他們身上會看到不一樣的世界。但台灣的志工，他們總是比別人參與更多且更融入，他們總是努力要讓孩子們快樂，也總是用心的要教孩子們更新或更多的東西，所以他們比其他人更親近孩子，影響力也更大。」

「但你們會不會因這些志工只能短暫停留的來來去去而感到傷心呢？」

「嗯，我的想法是，在你的生命中，總不斷有新的人進來、舊的人離開。如果每次分離都要悲傷，那你就不能好好享受當下的快樂。應該要把握短暫的相遇，向他們學習，並與他們分享自己的所有，讓彼此快樂。」

「你有跟其他人分享過這些想法嗎？」

「沒有耶，我都只放在自己心裡。」金蘇害羞的搔搔頭。

筆記本上已經沒有問題了，我試著講些無關緊要的話來驅散內心的激動，但留下的，卻只是一片靜默與空白。其實我一點都不像自己想像中的那麼勇於表達愛，雖然很主動的去親近每個孩子，但遇到真正牽掛的，反而連一句簡單的「我愛你」都說不出口。親愛的金蘇，或許不需透過語言，只要我們靜靜凝視彼此眼中那濃墨般深邃的湖水，就能聽見真心的聲音。而我，也是在此時，才漸漸懂得潑墨山水畫裡留白的內斂與美麗。

註❶：Uttar Pradesh

註❷：Varanasi

註❸：Mirzapur

困難重重

來到這裡，即使什麼都沒做，只是全然的沉浸其中，離開時卻也像曾到能量源頭加持過一般，全身充滿了不可思議的動力。

印度是世界第二大國，約有十億人口，這其中，有六千萬名童工，也就是百分之六的比例。

『拯救童年運動』總部德里辦公室牆上，掛著一面數據板，記錄自一九八二至二〇一一年八月間，被成功解救的童工是八萬七千多名。

在那堅定的信念、光芒、榮耀背後，必定有一個陰影。

「可不可以說說你在推動解救童工時，所遇到的困難？」

「困難很多。第一，就是你問我這個問題，我覺得很困難。」凱拉許開玩笑的回應。

「改變心智的態度很難，打敗政府的腐敗、破除罪犯和警察、政客的勾結也很難，更重要的是，也很危險。」

不甘於只當一個倡議角色，『拯救童年運動』更是全印度第一個自發組織搶救童工的機構。我想起達南傑前幾天說，二〇一一年三月他和凱拉許參加一場營救活動時，被雇主所埋伏的幫派份子抓住。那晚，他們原本預計救八十幾個孩子，但只來得及讓四十幾個跟其他的工作人員一起先逃，剩下的來不及救。幸虧他們最後機巧的逃出，只是對那些孩子，他們卻使不上力了。

「我有兩個非常好的朋友，都在搶救行動中犧牲，一個是中槍，一個是被活活打死的。他們都在我身邊死去，真的很心痛。不管參與過幾次行動，每一次的危險度都一樣高，沒有一次，不是困難的。」

我看過『拯救童年運動』的一部記錄片，它幾乎全程記錄了一次搶救童工的過程。其實搶救過程往往不如旁人想像的那麼簡單，而是需要蒐集罪證和佈局的。『拯救童年運動』經由許多資料來源如檢舉通報，將不肖工廠列爲觀察和調查的名單之中，當他們發現有虐童的情形發生，更會盡快安排突襲和搶救。但這樣的行動往往也深具危險，有時很難預測集團背後是否有黑道介入，所以對發生暴力衝突也要有心理準備。此外，突襲工廠的時間並不能隨性決定，而需要經過反覆的調整，因爲在這種只許成功不許失敗的行動中，他們必須要邀請到三種人物同時出現，也就是警察、記者和某政客大官。

只有警察們有同等武裝可以保護行動中的安全，以及逮捕或羈押現行犯。但請不要以爲這很容易，有的犯罪集團和警界勾結，用賄賂換得警方的縱容，因此機構中被派去和警局協商的工作人員必須要有相當的敏銳度，若發現某個警局不可靠，還得找到更高層的人來支持這項行動。至於記者和政客，他們出場的功能則是相輔相成的。童工的存在牽扯到太多的利益掛勾，所以爲避免這整個行動完成後，又被當成沒事一樣的淹沒在其他案件中不被重視或處理，他們需要號召各家記者來報導和揭露工廠中的黑暗內幕。而政客的出現則間接代表了政府對這項罪惡的打擊，更重要的，政客需要簽署一份文件，承諾當日被解救出來的童工都會獲得政府對他們工作年資相當程度的工資補償和家庭補助。

但事情總不可能如此單純，往往還有許多不可預測之處。政客常在突襲前一刻臨時告知無法到場，或故意姍姍來遲，導致錯過最佳時機讓行動只得暫時停擺，又繼續延長童工受折磨的時間。不置可否的，在解救童工的經驗中，以一個機構對抗整個社會體制的不公平和剝削，他們曾經吃過許多悶虧。

在紀錄片中他們要揭發的，是一個黑心的馬戲團。馬戲團需要年輕的人力但徵不到人，於是跨越國界，到達更貧窮的尼泊爾鄉下去當說客，愚弄無知的農民，把孩子騙走。當機構首次與馬戲團經理交涉時，他們在馬戲團的鐵柵欄外要求把童工交出來，經理卻大發雷霆，惱羞成怒的吼著：「你們想破壞我的馬戲團，讓我沒工作沒收入的害死我！」。抵死不打開大門的他，匆匆走進建築物，拒絕與外人溝通。

稍後，記者們陸續抵達，爲了採訪第一手消息，拿著麥克風和攝影機，快步奔跑到柵門邊，遺憾沒有捕捉到經理憤怒言詞的畫面。機構的工作人員臉色不悅的講著手機，原來是官員又遲到了。創辦人凱拉許本想進一步的柔性勸導，鏡頭卻帶到經裡拿著槍氣沖沖的走出來。他說：「誰若敢進來抓人，我就餵誰吃子彈！」緊張氣氛升高，劍拔弩張的情勢，感覺衝突就要一觸即發。

突然，鏡頭前一陣混亂模糊，只聽見一聲槍響……。

畫面再出現時，凱拉許已被送上救護車，雖無生命危險，但白衣服上的血跡斑斑仍令人怵目驚心；馬戲團拉下大門，門口已人去樓空；而甫抵達的政客在還搞不清楚狀況時，就立刻被記者們團團圍繞，詢問對今天的事件有何看法，政府將如何採取下一步的行動。只見政客在發言人背後，沒有任何表情，而發言人只說了：「抱歉，這件事我們不予置評。」

「你知道爲什麼會有這支紀錄片嗎？其實每次行動我們都得自己拍片記錄，作爲未來在法院上的證據，否則，很多時候跳到黃河都洗不清。你知道那事件後的隔天，新聞怎麼報導嗎？那馬戲團老闆勢力之大，影響了政客和媒體，於是報紙上的標題寫著：『凱拉許到馬戲團搶人，因爲他預備自己開一個馬戲團』。」凱拉許苦笑著說。

「太扯了吧！」我說。

這情節的誇張奇異程度，就像是電影情節一般，但卻不是好萊塢電影裡常見的個人式英雄主義，而是許多小人物爲了心中那塊美好的藍圖，不斷的堅持、奮戰，即使前進的像蝸牛一樣慢，仍持續前進的故事。

「當然，募款也很困難。給孩子們食物、住宿、教育這都很容易，卻不是最關鍵的，但捐款人往往只想看到他們的錢用在孩子身上，以爲這樣才是幫助。

要從村子裡改變人民的想法，爲改變『態度和信念』所做的倡議和動員，要不要錢？但這種改變是看不到，也無法量化證明的。組織一場解救行動，要不要錢？人們只看到成功的案例被報導出來，但他們不知道有多少次我們撲空，只因爲政客早已把我們要去的消息密報給雇主，等我們抵達時，工廠還在，孩子卻都被撤走了。

有多少次，我們因政客的姍姍來遲，和警察的袖手旁觀，導致衝突發生，行動失敗？有時候，情勢危險，爲了保護我們的夥伴，我們只能忍痛取消行動。那些付出的心血和經費，在最後一刻，不是換回幾成的問題，而是全都浪費掉了。用在策畫行動的這些錢，誰看得到？」

如果今天我不是坐在這裡，如果今天我不是一個非營利組織工作者，我想我也會落入一樣的思考模式，忘記用更大的架構和脈絡去思考問題。

「最後，可能也是我最在乎的困難點，就是找到真正願意奉獻且意志堅定的人。」

這次到童工之家，『拯救童年運動』正好在辦一個四天三夜的員工訓練工作坊，教導各村子的社會運動家如何有效推展「友善兒童村莊計畫」。許多資深的工作者都是講師，花了許多時間預備課程，在台上台下都不斷和這群基層工作者討論，只爲了給他們更多的資源、想法、啓發和幫助。

「我們不是沒有這樣的人，像拉克許和尼平德等人已在這裡服務十幾年了。可是你知道，越來越多人只把這兒當成一個餬口的工作，只要有更好的收入，他們立刻就跳槽。我們花了這麼多時間去教育和培訓這群員工，讓他們認識議題，也教他們怎麼做，但很多人只把這種訓練和資源當成一種可變賣的東西。他們想的是：『這裡很有名，我先來這裡學一點，學好以後就可以到別的地方去賺更多的錢。』不是真的有信念。」

這倒不是印度所獨有的問題，而是跨區域跨國界的現象，人們所信奉的價值已偏向物質層面，這點我也深有同感。但聽完凱拉許這麼說，雖仍覺得沉重，卻也感到深深的被釋放了，因為反過來看，還是有這麼多人不顧一切的投身其中啊，他們都是可以激勵人心的榜樣。

印度，總有一種魔力。奇形怪狀的困難明明就比其他地方多上千萬倍，可因此在人心裡激發的堅不可摧的能量和意志卻也堅強千萬倍。來到這裡，即使什麼都沒做，只是全然的沉浸其中，離開時卻也像曾到能量源頭加持過一般，全身充滿了不可思議的動力。

FREE
GNITT
FREE
TRAINING
XEROX
BEST
Idea

街友。

其實這地方距離我們住的飯店才不到十五分鐘的車程，一點也不遠，
但生活水平的落差，卻也在頃刻之間就顯露出來。
還沒下車，排泄物的臭味已伴隨著熱氣陣陣襲來，
路上一坨坨牛糞堆積，被車子輾過留下好長好長的痕跡；
人行道邊的圍牆，一不小心就瞥見有人在隨地撒尿。
皺著眉頭正懊惱著該如何閃避這無形卻又瀰漫各處的臭味時，
車子在一棟建築前停下，我們到了。

不願面對的真相

他們，是不是比我更早就洞悉了人性？居住在晦暗角落的人們，擁有察覺與利用幽暗面的能力，但那精明卻是被逼迫出來的。

我進來的時候，歐洲女孩與她的家人朋友已經在排隊了，正討論著要點什麼餐。「反正不就是麥當勞，全世界還不是都一樣。」我是這麼想的，選擇這裡只是在將近攝氏四十度的中午，圖個冷氣罷了。沒有聽他們談話的內容，因為說的不是英文我也聽不懂。兀自選擇了靠近對外玻璃帷幕旁的位子，想趁著休息的空檔好好觀察、思索這城市這國家帶給我的衝擊。

門口，四、五個衣衫襤褸、頭髮蓬亂的女孩，看起來年約十到十五歲，有的手上拿著一大串項鍊，有的拿著簡易的玩具，像是在兜售手工藝品的流動小販。但見他們來回踱步，不斷往門裡偷瞄的情形，又不像是要賣東西，反倒像是在等待著什麼。尚未坐定，就看到剛剛的歐洲女孩，拿了兩包薯條到外面，交給其中的兩個女孩。

這副情景像是觸動警報器一般，吸引了附近其他兜售物品與乞討的孩子和婦女們前來，但他們還來不及趕到門口，就被亮起的紅燈擋在馬路中央，只能遺憾的站在分隔島旁的路樹下乘涼，一面躲避艷陽的曝曬，一面伸長了脖子覬覦著可能還會有的好處。而拿項鍊的女孩，即使已經嚐到甜頭，卻似乎還渴求更多，她繼續站在門外，殷殷企盼的往裡望，那兩包薯條，早就被吃完了。

就像是受了他們的念力驅使似的，果不其然，歐洲女孩的母親又多拿了一份薯條和可樂出去，這次，場面更加混亂了。年輕女孩們、身穿粉紅色紗麗的年長婦女、以及身穿土黃色紗麗手中還抱著一個小男孩的少婦，都湧上來。或者乾脆抓住歐洲媽媽的手，或者口裡唸唸有詞的說著乞討的話語，手先指指薯條，再指指自己的嘴巴，直接用肢體動作表達自己的渴望。不知歐洲媽媽是怎麼判斷的，只見最終，身穿粉紅色紗麗的婦女獲勝，土黃色紗麗的少婦落敗。勝者爲王，敗者爲寇，粉紅色紗麗婦女快意的走回路樹旁，把薯條分給幾個小孩，自己則痛快的喝著可樂。熙來攘往的大街上，又不知從哪裡走出一個男人，她把喝到一半的可樂給他，自己則從背包裡拿出水瓶喝水。他們的神色自若，絲毫不顯苦情，與剛剛乞討時的神情相比，真是天壤之別。

稍晚，那群歐洲人吃完午餐走到街上時，還是被小女孩及土黃色紗麗的少婦纏上。我心想還會有什麼發展嗎？看著他們鍥而不捨的和歐洲人周旋，甚至一起走過馬路消失在我的視線之外，結局將如何？劇中人物各自有何心境？我不得而知。但，才短短幾分鐘後，卻看見土黃色紗麗少婦得意的走回來，手上拿著薯條。這，到底是怎麼回事？

「不知道這群歐洲人是怎麼想的？或許他們認爲這是最好的協助方式？不給錢，但盡可能讓他們飽餐一頓。我試著同理歐洲女孩的心情，卻還是迷失了。在完全不知道脈絡的情況下，任何行爲，即使是出於善意，都有可能造成不好的後遺症。」在筆記本上潦草記下這些想法，我茫然的看著車水馬龍的街道，思緒越飄越遠。但忽然間，我看見好幾個孩子，從四面八方跑來，聚集到身穿土黃色紗麗的少婦身旁。

少婦好像說了些什麼，然後，其中一個男孩掀起破爛的T恤，露出他掛在脖子上的貼身暗袋，並把所有的錢都掏出來。錢，立刻被少婦一把抓去，她露出精明的神情，數了數有幾張鈔票，好像不太滿意的唸了幾句，才把剩下的銅板還給男孩。之後，她更換上一副跋扈的臉孔，像是在訓斥孩子們，還殺雞儆猴似的狠狠打了一個男孩的頭，命令他們把身上的錢都交出來，孩子們露出些微恐懼和無奈的神色，不敢不從。只見少婦把點過的鈔票小心翼翼的塞進胸前衣服裡，又給了幾句指示後，吩咐孩子們再度回到各自的工作崗位。

一個小男孩不知從哪兒幫少婦裝滿了寶特瓶中的水，是自來水嗎？這些孩子才幾歲呢？今天是星期二，他們全都因乞討而沒去上學嗎？我找不到答案。面對這一切，我有太多的未知。

但我想，這少婦應不是他們的母親吧！母親會這樣利用孩子嗎？這少婦感覺比較像是幫派的首領，靠孩子們幫她賺錢。而她背後，有的又是怎樣的集團呢？先前那莫名出現男人的身分究竟是？

一整個下午，我就在那裡看著他們來來去去。街上生活大不易，哥哥乞討的累了，就回到樹下跟小弟弟玩；姐姐偷懶不想賣小玩具的時候，就逕自坐在柱子旁休息，但一看到打扮時髦的觀光客經過，又立刻換上笑臉迎向前去。

紅燈了，大大小小的車被迫停下來。一個小男孩從分隔島上走進車陣，看準了某輛嘟嘟車為獵物，便將半個身體倚在車旁，和乘客攀談起來。那姿勢極為老練，雖不知他後來有沒有順利要到錢，但想必他表現的還不差，因為當綠燈亮起，車子開走的時候，他笑臉盈盈好像還談的頗愉快似的。男孩雙手插口袋回到分隔島上遊走，又快要紅燈了，下一隻羊在哪兒呢？他的眼神銳利機警，經驗訓練他，要找到對的人才能撈到最多油水……。

麥當勞外，當然還是有人守著。一旦看到有人外帶走出去，他們便不由分說的跟上去乞討食物，並適時擺出最合適的表情神態。

他們，是不是比我更早就洞悉了人性？居住在晦暗角落的人們，擁有察覺與利用幽暗面的能力，但那精明卻是被逼迫出來的。或許，在茫然等待下一個機會上門前，眼神中流露出的空洞，才是他們最真實的樣子。

城市夢

看到他們好手好腳，卻沒有一份穩定的工作，反而四處遊蕩或乞討，而他們狼狽不堪的樣貌或乏於梳洗所引起的臭味，更引起眾人的反感，那反感，則抑制了繼續思考的動機。

家，是多麼溫暖的一個意象。不管在外受了多少的苦，有多少傷痛，那意識裡安穩的堡壘，總是給人豐厚的安全感。從蝸居到豪宅，不論大小，就是棲身立命的所在，也是落葉歸根的原鄉。

在街頭上，看到無家可歸浪跡天涯的人（註❶），第一個感覺不是可憐，反而是好奇懷疑：「他發生什麼事了？為何要放棄家園，在外流浪？」於是乎，開始產生各式各樣的聯想。他是自願還是被迫離家？離家的原因是為了讓家庭更好，還是不拖累家庭？《安娜・卡列妮娜》裡的開場白：「幸福的家庭都是相似的，不幸的家庭各有各的不幸。」或許也是對街友背後故事一份最好的註解吧！

然而，人卻不是追根究柢的動物。看到他們好手好腳，卻沒有一份穩定的工作，反而四處遊蕩或乞討，而他們狼狽不堪的樣貌或乏於梳洗所引起的臭味，更引起眾人的反感，那反感，則抑制了繼續思考的動機。大家漸漸無意識的將街友認定成一種咎由自取的結果，這歸因讓人好受些，因為這代表不在乎這群人的權益不是我們的問題，不過是因果循環報應罷了。

但卻是在抵達印度，與當地為街友發聲的組織裡的工作人員阿修克聊天，知道曾經也流落在德里街頭十多年的他，即使才剛存了足夠的錢，買／租了一間五坪的小房子供一家四口居住，雖脫離街友的身分後，卻沒有就此離開，反而是更投入於整合街友及為他們爭取權益時，我才懵懵懂懂有了些瞭解。也多了份勇氣，想更定睛於這群街邊的漫遊者，揭開他們的神秘面紗，看見他們成為街友背後的故事，體會身處於其中的無奈。

於是，這一路的浮沉掙扎，便在我的殷殷企盼與循循善誘下，從阿修克的口中緩緩道出：

懷抱著城市夢，阿修克在十四歲時離開北方邦的家鄉來到德里。

出乎我們意料之外的，阿修克來自一個背景不錯的家庭，父親是銀行行員，家境小康。一九八二年，他才剛念完十年級，卻迫不及待要出走。從家裡偷了三千七百盧比，在那個年代，是一筆很大的數目，他一個人坐了十六小時的車來到離家鄉八百公里遠的德里，開始獨自生活。

「我不懂耶！既然家裡沒有什麼問題，爲什麼不把書念完再出來打拼呢？」我問。

原來，鄉下有早婚的習俗，阿修克的父母那時就想幫他娶媳婦，但他不願意那麼早受束縛，就逃了出來。

「在家鄉，看到從德里工作回來的人都很風光，聽他們把德里說的多好多好，讓我也想去闖闖看，賺屬於自己的錢。」年輕的阿修克，想必有著自傲的一面，才會那麼衝動卻勇敢的出來走天涯。「說真的，那時候的德里很好，人和車沒那麼多，狀況沒那麼糟，我很喜歡那時候的德里。」

但初嘗自由氣味的阿修克，並不如想像中的奮發向上。來到德里的前兩三個月，他住在旅店裡，每天吃飯遊玩不務正業，把錢用光了以後，他甚至窮到七天沒錢買東西吃，餓到在街上昏倒。幸好遇到一位好心人，不忍看他昏倒在路旁，就帶他去吃飯。受到救濟的阿修克把自己的情況與這位善心人士分享，才知道這人也是從外地來打工的。那人問：「你想不想和我一起到寶石加工廠上班？一天工作十二個小時，月薪一百五十盧比。」沒有其他人脈、管道或選擇的阿修克，就從這裡展開他的德里打工生活。

辛勤工作三個月後，阿修克找到更好的工作機會，就是到書包加工廠上班。這裡的收入更好一點，一個月可賺兩百五十盧比。又過了幾個月，當他發現警衛的薪水更高，就去應徵當警衛，而他的盡忠職守，讓他在短短八個月內，就從薪資四百五十盧比的基層人員，幹到了月薪一千二百盧比的資深督導。

命運之神那時仍相當眷顧阿修克，他租了一間月租八十盧比的房間，而這個房間，帶給他更多的幸運。他當警衛時負責看守某家知名電扇工廠，工廠高階主管從其他城市調來時，因爲沒有認識其他人，於是在因緣際會下寄住他家。但借住一陣子之後，主管覺得他和阿修克的身分過於懸殊，很難向別人解釋以他的收入地位爲什麼會住在這麼小的套房，便主動提議要搬走。臨走前，或許爲了感恩阿修克，也或許是欣賞他的性格，他問阿修克有沒有意願放棄警衛的工作，到他的工廠上班。

阿修克想抓住這個好機會，但他也不想違反職業道德，所以去面試時，他不隱藏自己身分，還特地穿上警衛制服，誠實告知面試官他熟知工廠裡的各項安全防盜措施，不避諱別人懷疑他來上班後，會有監守自盜的可能。可能正因如此，面試官想挑釁和刁難他，他們劈頭就問了個無關的問題：「你知道你剛剛從一樓上到三樓，總共走了幾階樓梯嗎？」

「先生，在我回答你之前，我也可以先問你一個問題嗎？」阿修克不疾不徐的回應。

「請說。」

「先生，請問你知道你今天開車來上班的時候，換了幾次檔嗎？如果你是騎腳踏車來的，你知道車輪轉了幾圈嗎？或者，你和你的老婆昨晚一起睡覺，今天早上出門前，你注意到她手上戴了幾個手環嗎？」

面試官們被反將了一軍，惱羞成怒，開始對他大吼。

「沒關係，我可以告訴你們，答案是四十六階。」

這時面試官們面面相覷，問：「你怎麼知道？」

「也許是你們寫在板子上，也許是別人告訴我，也或許，是我真的恰巧數了幾步。你們覺得哪個是答案它就是答案。」阿修克如此回答，他心想，反正看來他也得不到這份工作，就隨心所欲吧。

沒想到幾天之後，他竟接獲通知，被錄取爲採購經理的助理，薪資更是像沖天炮一般的飛升：第一個月是三千兩百盧比，第二個月就調到六千盧比了。這是份非常優渥的工作，他幾乎可稱得上是有錢人了。

直到工作五年後，有一次他發現採購經理涉嫌詐欺與盜用公款，便趕緊向長官報告。這舉動惹惱了採購經理，於是經理去找他尋仇。一陣扭打後，阿修克把經理從三樓推下去，害他頭部受了重傷。年少的他，害怕警察的盤問，害怕坐牢，也害怕被報復，於是只得逃離德里，遷移到北方邦的坎普爾（註❷）。

「你的遭遇也太寶萊塢電影般的戲劇化了吧！」我調侃阿修克。

於是，形隻影單的阿修克，只得在坎普爾重新開始。在那裡，他的工作是仲介，接下某些工程承包案，再外包給不同的業者。一九八九年，阿修克在工作時遇見了蒙蘇，那時他才十一歲，卻是被賣給雇主償還債務的童工（註

❸），生活和處境都非常不堪。

阿修克自己雖然也沒好到哪裡去，曾經繁華富裕又沒有羈絆的生活，讓他沉迷於酗酒和賭博。但這工作有個好處，就是，因工作接觸的人多，賺的錢也多，又借住在警局裡，所以他運用了自己的財力和勢力，賄賂警察，將蒙蘇的雇主送去坐牢，並救了蒙蘇，幫助他恢復自由之身。

「這種童工合法嗎？」

「不合法。」

「那爲什麼抓雇主還需要特別賄賂警察？」我不解。

「這裡都是這樣啊！」阿修克輕描淡寫的答覆，這答案就像「這就是印度啊」一樣的感嘆。他無奈的苦笑了一下，這是他們只能順應但無法改變的事。

在印度，宗教間的紛爭不斷，人們的生活籠罩在衝突對立的陰影之下。一九九二年，印度教和伊斯蘭教的衝突越演越烈，戰火燒到了坎普爾。一座年代久遠的清真寺被激進的印度教徒炸毀，惹怒了穆斯林，於是街上常有遊行暴動和攻擊發生。

那時，阿修克住在穆斯林區，他印度教徒的身分讓他成爲了人質，性命危在旦夕。本身即爲穆斯林的蒙蘇，爲了營救阿修克，不顧自身安危進入了火線，並且將阿修克打扮成穆斯林，帶領他逃出。自此以後，他們成爲忘年的莫逆之交，情同手足。

不過，好不容易逃過一劫的他們，卻又屋漏偏逢連夜雨，被蒙蘇的前雇主逮到且監禁起來。他揚言要用同樣的手段報復阿修克，賄賂警察並送他們去坐牢。幸虧被送進地獄前夕，他們頑強抵抗反擊，在羈押過程中打傷好幾個警察，狼狽的逃了出來。

坎普爾，再也不是一個安全之地，他們決定回到德里。

註❶：The Homeless，無家可歸之人。沒有足夠經濟能力購屋之人以克難方式住在街上，又稱遊民、街友，此處統稱街友。

註❷：Kanpur。

註❸：bonded labor。因債務而被綁住的勞工，通常是因為借錢，後以勞力還錢，但工資極低，是不肖業者用以獲得廉價勞力的方式，也是非常不公平的奴役制度。有時整個家庭都陷入其中，若借貸的人過世，其家人子女都須繼續替雇主工作償還其債務，造成惡性循環、無法逃脫的困境。

成為街友

街友彼此之間是很冷漠的，他們沒有共同的回憶，有時甚至連語言也不通。你根本不知道你隔壁躺的人來自哪裡，或者是不是個危險人物。

才剛回到德里，阿修克就生了一場重病，於是蒙蘇一肩挑起照顧兄長的責任，只能先趕緊找了拉人力車的工作。前幾個月非常辛苦，蒙蘇和阿修克學別人把墊子鋪在地上，就這樣以天爲蓋，以地爲床。爲了餵飽兩人，蒙蘇總是早早就到火車站等人潮眾多的地方，等待著生意上門。騎車需要大量體力，每天只有一餐豆泥醬配白飯的蒙蘇，也只能咬著牙苦撐。偶爾趁著空檔，把身體胡亂蜷曲起來，用可笑的姿勢勉強躺在人力車上，即使頭和四肢都懸在車外，只有軀幹勉強塞在座位裡，竟也能呼呼大睡。

待阿修克身體狀況好些，他們開始認真思考如何在德里生活下去。這時的德里已不若以往，物價和房價飆漲，兩個大男孩爲了節省開銷，仗著自己的年輕氣盛，便決定住在街上。於是，在一九九三年，二十二歲的阿修克和十五歲的蒙蘇，開始成為德里的街友。

阿修克決定開一間露天小茶舖，以賣奶茶為生；蒙蘇則做了之前阿修克在坎普爾類似的工作—勞力仲介，接下訂單後再將工程發包給不同的工人。由於他為人正直，才甫開始他就吸引了約三十名街友成為他手下固定接案的工人。這兩個難兄難弟，因著街友的身分，看到並經歷了許多不公平的待遇，他們深知身為街友的無奈，強烈的正義感在他們心中燃起一把火。

在街上生活之後，他們看到很多比他們辛苦千萬倍的故事。印度鄉下的許多農田貧瘠，又缺乏工作機會，平均來說，在鄉下一天賺四十盧比，但到城市單靠勞力便可賺到七十到八十盧比不等。於是許多男人或隻身，或攜家帶眷來到城市，只為求一個工作來養家餬口。但這樣的收入或許可求得溫飽，卻供不起他們住房，因此，他們開始了餐風露宿的生活。只要活下去，四處皆可為家。

其實街友們並不懶惰，幾乎每個男人都有工作，到建築工地扛沙搬磚、修橋鋪路，他們為城市砌起一座座的高樓，或是做那些骯髒低下沒人要做的工作。是這群躲藏在城市隙縫的人，成爲城市運轉不可或缺的零件。但這城市回報他們的，沒有感恩，卻是鄙夷和不屑。貧窮、骯髒、沒水準，是城市人對他們的刻板印象。「這城市是他們建造的，他們卻不屬於這城市。」就連警察都沒有正確觀念，時常勒索或霸凌他們。

「我最痛恨的就是，我們根本不被當人看待，沒有人尊重街友。」阿修克說。「是死是活、是好是壞，沒有人在乎。我們就像老鼠註定要躲在陰暗的角落，一旦過街，人人喊打。卻沒有人會問，我們究竟爲什麼會被迫成爲街友？」

二〇〇一年，蒙蘇在一場街友要求收容所住宿權利的活動上，遇見了長期研究街友議題的達南傑。達南傑當時在一個爲街友倡權的非政府組織工作，他正計畫要在街友中組織一個自發性的團體──街友倡權團體（註❶），他看中蒙蘇的正義感和號召力，所以邀他成爲其中的意見領袖，希望透過他的帶領，能夠促進街友們爲自己發聲。而蒙蘇很快就展現他的群眾魅力，並且驚訝的發現，這團體讓原本來自不同背景的各個街友開始站在同一陣線。

蒙蘇彷彿看到了自己的使命一般。於是二〇〇三年，在達南傑的建議下，蒙蘇離開原本的工作，加入非營利組織。雖然薪水只有過去的一半，但他深知這份工作的價值和意義。不久後，阿修克也收掉茶攤，加入服務陣容，成爲蒙蘇的最佳夥伴，一起全心投入街友工作。於是，這三人組成了非常棒的團隊。

達南傑不是街友，但他對於街友問題的研究與看法，還有在非營利組織裡學到的工作方法，在知識上給了阿修克和蒙蘇很多的洗禮；反之，阿修克和蒙蘇這十多年來在街上生活累積的歷練，讓達南傑更能貼近街友們的想法與需要。每一天，他們在太陽下山後開始工作，走訪各個街友聚集的角落，花時間與他們建立關係、取得信任、並慢慢展開影響力，然後在清晨破曉前才回家休息。

「街友彼此之間是很冷漠的，他們沒有共同的回憶，有時甚至連語言也不通。你根本不知道你隔壁躺的人來自哪裡，或者是不是個危險人物。他有什麼故事不重要，保持距離讓自己安全比較重要。所以，除了整個家族，或村子一起來到城市打工的人，會很自然的聚集在一起之外，其他人多半不相往來。所以我們要花很多時間和他們在一起，先讓他們習慣在固定的地方睡覺，習慣和我們溝通，我們才有可能跟他們談他們的權力。」阿修克說。

阿修克的話把我帶進回憶，沒錯，那種孤寂我是見過的。初認識阿修克和達南傑時，某天晚間他們帶我們實際參與他們夜間的工作。那天去的最後一個地方是棟男性收容所，我們到的時候已將近深夜，所以許多人已躺下就寢，只剩幾個人靠在牆壁上，看著空氣發呆。我站在門口，感受到空洞和死寂佔滿了整個空間，沉重的讓人喘不過氣。沒有婦女的溫柔，沒有小孩的笑靨，無奈在那些男人身上緩緩爬行，像是要吸乾他們一切的盼望。他們的靈魂是否隨著夢境回到了心愛的人身旁？那些千絲萬縷的思念會日益加重，還是將被日復一日機械般的工作消磨殆盡？而他們的未來，又在哪裡？

二〇〇六年，他們組織的街友倡權團體，會員已有一千四百人，而且還在陸續增加中。但當他們收集到越來越多第一線的需求時，他們的想法漸漸與機構分道揚鑣。他們知道，如果只是給錢給資源，或是提供一些臨時的收容所，都只是治標不治本的方法。根本的問題要用根本的方式解決：要爲他們爭取到長期居所，要爲他們進行職業訓練輔導……等，更重要的，讓政府承認街友的存在，並承諾對他們應有的保障，否則街友們永遠都沒有翻身的可能，永遠都只會是局外人。因此，他們相繼離開機構，但即使換了工作，他們並未放棄對這個議題的重視與付出，他們繼續在團體裡發聲，聆聽並統合意見，甚至仍自發的在深夜訪問街友，他們在醞釀能量與等待機會，期待下一次的再出發。

註❶：Beghar Mazdoor Sangharsh Samiti — Homeless Worker Fighting Group，簡稱 BMSS。BMSS 翻成「街友倡權團體」，旨在喚醒街友的自覺，並協助他們提高生活品質及就業機會。目前主要的活動是：倡議要求政府提供街友身分證件，提供醫療協助，及夜裡到街上訪視，讓街友對他們自己的議題有更多認識。此團體至二〇一一年底會員已超過四千人

幽魂

來到城市，原是一種逃避、一種追尋、或許也包含了對更好生活的嚮往，卻沒預料到城市的殘酷，惡狠狠地將他們困在過去與未來的夾縫間，使他們既無法回頭卻也看不清前方的路。

「他們哭喊，但沒有人聽見。他們睡在馬路上，但沒有人看見。他們渴望機會，卻沒有人回應他們的禱告與呼求。他們被稱爲『貧窮的…』、『無家可歸的…』。」有人曾如此形容，街友們被隔絕於一般社會外的困境。

德里，一個又一個帳篷在街邊。

清晨，他們早早起床。男女老幼步出他們的家，孩子們拿著金屬漆已斑駁掉色的盆子，走到兩公里遠的街旁水溝去打水，因爲那條水溝，相較起來清澈許多。婦女們，每個人走到屬於自家的幾塊紅磚前，坐上小板凳，一邊預備燒柴生火，一邊開始揉起麵團，準備做早餐。等火勢漸趨穩定後放上鐵盤烤熱，抹點油，將麵團分成小塊壓扁，再桿開做起恰巴提，這一張張的烤餅，便是全家人的早餐。男人們圍著腰巾，蹲在路邊不特別做什麼，只等著孩子打水回來可以做一番梳洗後，去各處工地看看今天是否有臨時工的缺。

這時的德里，還保有一些寧靜，但幾個小時後，街上將被三輪車、嘟嘟車、小客車、公車等各種交通工具擠滿，上演每天嚴重的堵塞。不過這樣的忙碌喧囂，從不曾影響這群人們口中「無家可歸的人」，他們融入煩雜街景中成爲最微不足道的背景，不論發生了什麼，在別人心中總是模糊的存在。有打工機會的男人，早早幹活去了。今天失業的男人，有些圍坐著打牌，有些則帶著小孩，在車陣間穿梭，販賣一些女人們做的手工藝品。

那時正是冬天，爲了爭取選票，政客們搭起臨時收容帳篷讓街友們入住，好讓城市美觀，並降低冬天夜晚凍死的人數，成爲一件有力的政績。但我們都知道，只要選舉一過，當官員們得到利益時，這些臨時收容中心又將以經費不足爲由面臨拆遷的窘境，現在看來還算熱鬧與歡愉的景象，很快就會消失不見。這些人，隨時都可能重新隱身到都市的各個角落，而且，也只能如此。他們就像候鳥一樣，總得不停的遷徙。

二〇〇七年，專業是人口和地理學的達南傑，想爲德里街友做一次徹底的普查與研究，便邀請阿修克等街友倡權團體的領袖再度加入他的團隊，一起設計量化與質化問卷。他深信，唯有增進大家對街友的認識，人民、政府、社福組織等，才有可能爲流浪問題，找到最合適的配套措施。於是，每天從晚上七點到早上六點，他們展開對德里各區街友地毯式的搜索與訪問，終於有機會聽見街友真正的聲音，看到他們真正的生活。

他們適應不友善環境的能力，簡直可以和蟑螂媲美了。熱季最簡便，他們只消蓋幾張報紙，就能直接睡在路邊；冬季或雨季時，少數人有機會住到政府或非營利組織提供的短期夜間收容所；收入較好的，一天可以多花二十到四十盧比租條禦寒的棉被；其他的人，仍是靠幾張報紙、撿來的破毯子，或許還加上意志力，度過寒冷的天氣。

雖然調查結果顯示，他們內心仍然希望能住在有屋簷可遮風避雨的地方，但事實上，更多時候他們卻寧願選擇流落街頭，也不去收容所居住。

「我去住過一次，但感覺很差。醒來時身上的錢都不見了，也不知道找誰去要。」其中一個街友的回應。

「在裡面會有怎樣的人你無法預測，我曾經目睹有人在裡面被欺負、毆打，但大家也無能爲力。沒有管理的室內場所比起戶外更加危險！」另一個街友更直接的指出問題。

德里其實有不少廢棄的建築物，若是願意改建成街友的夜間收容所，或許可以減少許多社會問題。但，做街友工作需要顛倒作息，又要冒許多風險，於是沒有幾個非營利組織願意承接與管理。此外，由於街友沒有身分，因此連基本的投票權都沒有，所以在政府眼中，他們比握有投票權的貧民窟居民更沒有存在價值，政府所做的頂多就是治標不治本的表面功夫，不要讓死亡數字太難看，其他的，就假裝視而不見，而整個城市的人也一起選擇性盲目。

達南傑說，要辯論街友問題是不是大家的責任之前，最重要的應該是追溯問題的根源，也就是：「街友到底從何而來，又爲何而來？」德里，做爲印度的首都，有一千八百萬的人口，而無家可歸的街友是八萬八千多人。這當中約八成五的街友是男性，剩下的，百分之六是女性，百分之九是兒童。導致男性遷來城市的主因是失業和貧窮，在鄉下等地賺不到錢，只好來到城市尋找機會。至於傳統中地位低下的女人，離開家的主因則和男性大相逕庭，他們多半是被欺凌、被趕出家門、或因被家暴而逃了出來。兒童成爲街友的原因，則大部分是由於沒上學及被送去當童工。

原來，在成爲街友以前，他們就已經是許多問題之下的受害者了。可是，當弱勢的他們抱著最後一絲希望來到城市尋求溫飽、尋求自由之際，才驚覺街上的生活每天都脫離不了恐懼。來到城市，原是一種逃避、一種追尋、或許也包含了對更好生活的嚮往，卻沒預料到城市的殘酷，惡狠狠地將他們困在過去與未來的夾縫間，使他們既無法回頭卻也看不清前方的路。而籠罩在他們頭頂上的此刻，只有「街友」的標籤讓他們變得更容易受到傷害。

「雖然我很不想這麼說，但我遇過在街上的女性，幾乎都有被侵害的經驗。在街上生活真的是一件非常辛苦的事，尤其當你是一個人，又是女人的時候。不管年紀多大，只要女生被迫在街上生活，他們都會面臨這個問題。」達南傑非常語重心長的說。「在做調查的那一年間，我曾經認識一個家庭，有爸爸媽媽和三個小孩，訪問到半年後，他們才向我們承認，他們完全沒有關係，只是在街上認識，爲了安全起見而僞裝成一家人。」

他們必須要這樣，才比較容易活下去。女人和小孩會選擇依附某個男人，只爲了安全。

「與其每天提心吊膽會被強迫跟不同人在一起，不如選擇跟定一個人。再怎麼不喜歡，總比隨時都可能被不特定人士欺負來的好。」

達南傑說的是這麼坦然直白，悲哀卻從我的腹部深處湧上來。那種身體政治上的弱勢，在街友生活展現無遺。女人和小孩變成了需要被保護的物品，換句話說，也就是隨時都可能被欺凌的對象。過去無言的傷痛與現在深沉的無奈交織在他們充滿恐懼的生活中，要有怎樣的信念才可能會有出路？

但在眾多恐懼中，最可怕的還是警察的霸凌。這些街友，百分之八十以上都是賤民或低種姓之人，仍舊很容易受到歧視而遭到不合理的對待。例如，可能無緣無故就會被視爲是嫌疑犯，而被抓進牢裡，或是慘遭前來取締的警察勒索……。

「他們需要教育，」達南傑說，「才會知道自己沒必要對這些事情逆來順受。他們需要的不是被同情，而是能同理他們的人。如此一來，才能夠爲他們發聲，還有教他們自己大聲說出他們的困難和要求！」

無法地帶

人民把垃圾丟到城市外，不僅對自己製造出的骯髒東西眼不見為淨，更因此鄙棄被迫住在城外與垃圾為伍的人。

二〇一一年溽暑八月，關於拆遷孟買貧民窟的辯論，在網路上吵得沸沸揚揚，大意如下：

一位叫做巴格凡吉的律師，一狀告到了孟買高等法院，請求拆遷孟買市方圓一百六十公里內的所有貧民窟。孟買市政局回覆，像這樣的貧民窟有一萬五千五百戶，媒體則聲稱有三萬三千戶。

巴格凡吉指出孟買高等法院在二〇〇九年便指示市政局要在二〇一五年以前完成拆遷，最高法院也曾指責貧民窟居民是扒手，不應再提供他們免費的住宿。原因是他們在無水可用的情況下，刺破一般住宅水管偷接水源，此舉有危害孟買人民之虞。巴格凡吉更認爲恐怖份子將可利用他們自行外接的、不受管制的水管對一般民眾下毒。

貧民窟居民在法庭上不甘示弱的回嗆，並把巴格凡吉比喻成像屠殺猶太人的希特勒一般，想要毀掉成千上萬的貧民窟居民。法庭主席因這樣的形容震驚，巴格凡吉更覺得受到毀謗，向主席提出強烈抗議，要求發表言論的人要對他道歉，否則該撤銷他的發言權。

受到壓力後的貧民窟居民，鄭重且禮貌的向法庭致歉，但堅決不向巴格凡吉低頭認錯。巴格凡吉不能接受這樣的縱容，強調若此事蔓延，以後將有更多人不尊重他，一怒之下他離開法庭，才讓法庭理解事態嚴重，到走廊召回他，並強迫居民一定要道歉，這才了結這事件。

不知道是不是吞不下這口氣，總之，隔天一早巴格凡吉發信給非營利組織群組的工作人員，敘述整個過程。這信，引來的卻不是聲援，而是正反兩面軒然大波的討論，大家紛紛回應自己的看法。

最快且回應最多的是長期投入街友倡權運動的印督先生，他認爲貧民窟的違法是政府造成的，政府規定的拆遷日期則是武斷的。在信中他要求巴格凡吉律師先想清楚「貧民窟」的由來，並指出在印度，仍短缺兩千六百萬的城市住房，而其中，百分之九十九的需要人口都是低收入戶。貧民窟擁擠不堪的居住環境只佔了不到城市用地的十分之一，卻被嫌棄到不行，永遠是被驅趕的對象；但在孟買佔地廣闊最爲氣派的泰姬瑪哈飯店，每年卻只要繳交一盧比的稅金，便可正大光明的使用那土地。討論空間使用控制時，最先開刀的竟然是窮人的房子？印督先生遺憾的表示：「印度爲富人存在，窮人並不屬於印度。」

於此，巴格凡吉律師自也不甘示弱的反擊，抓緊貧民窟居民違法這點窮追猛打。陸陸續續，也有不同的意見，彼此支持或反駁抗衡。

法理情，各人心中自有衡量。

若非阿修克和達南傑都在信件的群組中，我也無法得知這個事件。孟買距德里約一千四百公里，他們亦不是貧民窟問題的專家，但讓他們義憤填膺的是，若這些地方被拆了，這幾萬人將不知何去何從，只會淪爲「無家可歸的人」，除了變得更弱勢之外，對於社會沒有任何好處。

阿修克在鍵盤上敲敲打打，只回應了短短一段話：「支持拆房的人，肯定不懂無家可歸有多痛苦。」

貧民窟的居民，至少有固定的居住地址，可以去申請配給卡（註❶）的補貼，也有投票權，多少還有點左右或制衡政治力量的色彩。但街友是沒有任何身分證明的人，即使到醫院生產有出生證明，但印度沒有統一的身分證系統，若沒有住址，幾乎等同於無法辦任何證件，無法受任何權益保障。

他們雖生而爲人，卻像是可有可無半透明的幽靈人口。

二〇一〇年年底發生的一項事件，更充分顯現了街友們的弱勢。

自一九三〇年起，大英國協成員國每四年會舉辦一次運動會，稱作大英國協運動會（註❷）。印度於二〇一〇年首度爭取到主辦權，會期是十月三日至十四日在首都新德里舉行。爲了籌劃此盛事，印度政府預計斥資天文數字四千億盧比蓋一座新體育場，及整頓附近街道，讓世人能從市容看見印度的發展、進步與國際化。

德里市長爲了推動這項城市改造計畫，更發表了一系列的聲明，但其中一段相當駭人，竟將城市中所有罪惡的源頭都推給這群無家可歸的人。政府聲明，為了城市的文明與安全，這群街友將在運動會前被驅逐出城或遣送回故鄉。

「他們想把德里變成巴黎，外國人來玩玩享受後就走了，留下受苦的是我們印度人。」一位飽受警察恐嚇的街友說。

「我的家被拆除了，他們將在那邊打板球。這是什麼樣的運動，誰知道？」一個孩子淚光閃閃的說。

運動會前，警察帶著貧民窟居民和街友，到火車站蓋印章，以證明他們此行費用由政府補貼，可以免費乘車回家鄉，但那卻是一張單程車票。沒有人知道，他們回去要住在哪裡，更不能預測運動會過後，他們還回不回的來。

要在全球化力爭上游，給外國人好印象的印度，卻因此犧牲抹殺了自己人民生存的權利。

我想起這情節和漫畫《海賊王》裡，魯夫、艾斯和他們的結拜兄弟薩波居住的哥爾王國幾乎一樣。人民把垃圾丟到城市外，不僅對自己製造出的骯髒東西眼不見為淨，更因此鄙棄被迫住在城外與垃圾為伍的人。漫畫內容和現實環境不謀而合的相似，我懷疑究竟有多少人是抱持著：「他們低下骯髒，於是他們活該！」這種自以爲是的信念呢？

「在除去不需要的東西之後的世界裡，是不存在幸福的。」漫畫裡的革命家如是說。

這裡是「無法地帶」，不是沒有法律，但沒有任何法律可以用來幫助保障他們的權益。

人們真的可以藉由消滅或視而不見而獲得幸福嗎？沒有人因此感到不安嗎？想要看到人工美化後的假象，還是目睹原始的混亂和真實？

面對著這麼多的現象，我只希望自己永遠都能保持一對清明的眸子。

註❶：Ration Card。是印度公共配給制度(Public Distribution System)中一項重要的文件，按照經濟程度發放，有三種等級的卡，分別為—收入在貧窮線以上，貧窮線以下，及最貧窮的族群。人民在特約商店出示此卡即可用受到合理補助的低價買到基本民生用品，如穀物、糖或煤油等等。在沒有統一身分證的今日印度也成為一種重要的身份證明，用以申請其他證件。

註❷：The Commonwealth Games — CWG，大英國協運動會。

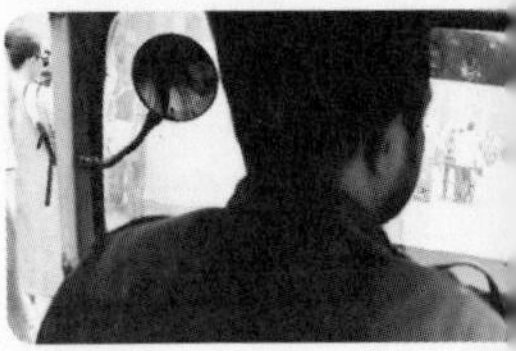

兩年

外界的趨勢改變之快，無人不是使盡混身解數求新求變只求不被淘汰，而這裡的人，既已處在連最基本需求都無法滿足的邊緣，竟不懂得多想一點能夠讓自己更好的方式。

三個人擠在一輛嘟嘟車裡，剛剛好夠坐的大小。我轉頭看著阿修克的側臉，還是沒辦法理解爲什麼才兩年半不見，他的頭髮和鬍鬚都已轉成灰白色，看起來老了好多，讓人心疼他的辛勞。二〇〇九年初，我們第一次來到德里時，阿修克和達南傑帶我們認識街友議題。在會議室裡，達南傑介紹了街友成因與他們的困境；在街上，阿修克親身帶我們到他工作的場域，真實的接觸街友們的生活環境。那年年底，他和蒙蘇爲了實踐對街友的使命和信念，終於成立了貝格哈基金會（註❶）。但我知道，這一路走來十分艱辛。

二〇一一年仲夏，很高興聽到阿修克傳來的好消息，他們向政府爭取到一棟建築物，可供貝格哈基金會收容、訓練和教育街友。阿修克希望在不久的將來，志工也可以來這裡服務，於是帶著我和夥伴雨樵去勘查狀況，以便討論和商量之後的服務規劃。

心裡是很緊張的。兩年半前第一次接觸街友，立刻就被迎面而來的無力感襲擊。那些畫面所帶來的衝擊，還深深的印在心裡，震撼力和後座力十足。今天，又會是如何呢？懷抱著不安，我們安靜的往目的地邁進。

其實這地方距離我們住的飯店才不到十五分鐘的車程，一點也不遠，但生活水平的落差，卻也在頃刻之間就顯露出來。還沒下車，排泄物的臭味已伴隨著熱氣陣陣襲來，路上一坨坨牛糞堆積，被車子輾過留下好長好長的痕跡；人行道邊的圍牆，一不小心就瞥見有人在隨地撒尿。皺著眉頭正懊惱著該如何閃避這無形卻又瀰漫各處的臭味時，車子在一棟建築前停下，我們到了。

建築物前有一小片空地，好幾個女人坐在空地上發呆，沒特別做什麼，幾個小孩在玩鬧，一看到我們，便一窩蜂的湧上來，臉上掛著好奇的神情，還有燦爛的笑容。「哪嘛斯嗲。」我們雙手合十，微微欠身敬禮，女人們也雙手合十，靦腆的笑了起來。一個特別活潑的小女孩蹦蹦跳跳的挨到我身邊，也不顧剛剛才用手把臉上掛著的兩條鼻涕抹掉，就向我伸出手。猶豫半秒鐘，我還是牽起她的手，領著她和我們一起上樓察看整個環境，任由她攀著我的手甩來晃去。如今回想起，或許正是那動作中短暫而神祕的連結，超越了某種框架，對我而言是某種不成文的信物，逕自暗許著一定要再回來。

這棟四層樓的建築物看起來雖不小，但卻明顯超過其容納量，硬生生收容了一百八十個家庭將近六百多人。現在是早上十一點，大多數人都出外工作了，只剩下零星的女人和小孩，但我可以想像，晚上大家都回來後，環境一定會變得非常擁擠不堪。

內部的陳設非常簡單，除了鋪了很多張破爛的地毯外，房間都空蕩蕩的，沒有任何家當。但這點我倒已見怪不怪，這就是街友們的生活，人的基本需求，被迫降到最低。回到一樓，我們還有幾項事情要討論，首先便是了解婦女們有沒有生產什麼手工藝品，是我們未來可以作爲公平交易產品，代爲銷售的。才踏進房間就看到已經有三、四個婦女在製作東西，他們熟練的用鐵絲和毛線等材料，不出十分鐘，就編出一支顏色亮麗的小雨傘。

「這不是和我們兩年前看到的一樣嗎？」雨樵驚呼。

的確是，記得那時達南傑還跟我們說，因爲婦女很難找到工作，所以他們只能做這個拿到街上去賣，賺點微薄的收入。

「對啊！你們還記得那個街友聚集的圓環嗎？現在你們看到的，和兩年前是同一群人啊，他們暫時可以不必再漂泊了，我們有好多訓練計畫即將要開始進行，識字、刺繡、縫紉、未來還要有電腦……。」阿修克開心的回應。

雨樵和我對望一眼，不是故意而是十分直覺的交換了一個想法：「這兩年，竟一切都沒有改變和進步，他們就停留在原地……。」

「這一個多少錢？」我問，想轉換一下心情。

「看大小而定，小的五盧比，中的十盧比，大的二十盧比。」

「都拿去哪裡賣呢？」

「到馬路上，向車子裡的乘客兜售。」

「買的人多嗎？」

「還可以。因爲不貴，有的家長會買給小孩當玩具。但現在德里政府把這種零售物品定義成乞討行爲，警察隨時可以取締，一點都不顧慮街友的權益，真的很羞辱人。」

阿修克正對於政府只在乎城市秩序美觀，而剝奪街友正當維生方式表達強烈不滿，我卻又陷入自己的小宇宙，爲小雨傘兩年半來價格都沒變感到難以置信。外界的趨勢改變之快，無人不是使盡混身解數求新求變只求不被淘汰，而這裡的人，既已處在連最基本需求都無法滿足的邊緣，竟不懂得多想一點能夠讓自己更好的方式。到底是他們不願去想，還是，他們根本無從想起呢？

猶記得上次看到他們時，阿修克介紹他們是那種舉家遷移的街友家庭，所有人來自同個家鄉，許多人還甚至有血緣關係，是個大家族。於是這次，想再多了解一點，關於他們的背景。

「他們是什麼時候來到德里的？」我問，阿修克幫我用印地語問他們。

「他們記不太清楚了，大概是二十五到三十年前，也就是八〇年代左右。」

「那，這些年輕人和孩子……？」

「年輕的一輩都是在德里出生的，有的人都已經有第三代了！」

「那，他們的身分是……？」

「他們沒有固定的地址，因此無法申請任何證明文件。他們是街友，而且從一出生就是街友。」

從一出生就是街友？生於德里卻不是德里人嗎？這是什麼樣的處境呢？我看著赤身裸體在收容所裡傻傻亂竄歡聲玩樂的小男孩，大概才剛學會走路不久，還不太會說話，光是探索四周就讓他好奇興奮的可以。他，是否會知道自己一出生就被剝奪了某些東西呢？比如說，身分。

「那孩子們可以去上學嗎？」

「從今年開始，孩子們不需要有任何的身份文件，只要去學校註冊，到十四歲以前上學都是免費的。」

至少這件事是令人欣慰的，不過也僅此而已。忽然聯想到綠蠵龜媽媽費盡千辛萬苦到沙灘邊產下上百個蛋，小海龜破殼後還要面對很多自然和天敵的威脅，只有千分之一的機會能長大成龜時，內心又迷惘了起來。貼近街友的生活，才發現他們竟未因身爲「人」被保障基本的生存權，反而因身爲「街友」而被否定許多基本權利。

他們和在大自然中物競天擇定律間掙扎的動物，又有何不同？

註❶：Beghar Sangharsh Samiti Foundation。Beghar印地語的意思是Homeless，無家可歸的，但之後為方便表達，直接音譯成貝格哈基金會。和BMSS街友倡權團體不同，此基金會不再只是一個人民社團，而是執行服務的組織。

合一的力量

讓他們知道一個志工的力量很小，但當大家一起努力就可以完成很多事，教這群女人看見團結的力量。

離開貝格哈基金會那六百人的收容所前，在一樓外小空地上看到的那些畫面，讓心被擠壓的很不舒服。胸腔忽然劇烈起伏，鼻子一陣緊縮，淚就在眶裡打轉。

躺在地上形形色色的人們，眼神呆滯渙散，彷彿只是等著時間經過。蒼蠅停在他們身上，也沒人伸手去揮，就任由牠們隨性的亂爬。左邊的圍牆上有排水龍頭，沒有任何隔間或其他設備，孩子們穿著衣服就在那邊沖涼。食物的用水應該也是從那邊來吧，角落裡堆放著一些鍋盆。洗好但看起來還是灰灰髒髒的衣服披在繩子上，沒有清香的味道，因爲酸腐的臭味，不知是從圍牆外那排流動廁所，還是從人們的身上傳來，掩蓋了令人舒服的香味。貝格哈基金會的志工阿密特還陪在身邊，我不好露出任何驚嚇噁心等負面的反應，只能用不斷問許多實際的問題，來掩飾自己的衝擊。

「我們要好好討論一下，這裡到底適不適合出隊，因爲真的會非常非常挑戰喔！」雨樵嚴肅的說。

我知道他的意思，我們本就該審慎考慮出隊的可行性。因爲來這裡，不僅環境上很辛苦，如何規劃服務內容也很挑戰。這裡不是一個有秩序之處，一切從零開始，無法想像服務的畫面，連孩子們會不會安分的坐在房間裡聽課都不能確定。「你要舒服的轉身？還是要堅強起來面對？你要抽離但積極，但不能只是覺得可憐……」胡思亂想著我自己要用怎樣的態度和這裡建立連結時，草草寫下這段不連貫的話，我想，我還需要一點時間消化。

晚上，達南傑下班來飯店找我們聊天，他大可不必這麼辛苦的跑來，但爲了讓我們看到更多和更深的東西，他總是不辭辛勞。雖然伴隨著的是一包洋芋片、一瓶雪碧、和一小瓶伏特加，但當他在椅子上坐定的那一刻起，我還是覺得房間成了一間咖啡館，我們在當中談論著重要的議題。拋出問題、提出觀點、分享對彼此觀點的看法，思考就如行雲流水般在一來一往的互動與激盪間不停的傳遞、變形、轉化。看世界的方法和態度不停的被擴充，心情激動的就像是玩電動時吃到什麼高級的寶物一樣。

一進門，達南傑就劈哩啪啦的講了好幾件事，都是回應我之前提出的問題。其中最重要的，就是關於到貝格哈收容所服務可能會遇到的相關行政問題，如食住行等方面，他都已經幫我們想過也協調好了。他先把自己考慮的部分都說完後，才問：「那你們今天去看了貝格哈的收容所，覺得怎麼樣？」

「真不愧是達南傑，總是走在我們前頭！」我暗暗對自己說。一方面佩服在心裡，但一方面也覺得好幸福，達南傑早已不只是合作組織的工作人員，而是真正的朋友了。而在這些強人朋友面前，總是可以誠實的表達自己的困惑。

「環境上真的很辛苦，但剛剛聽你說，覺得都算克服了。不過，感覺在規劃服務的內容或實行上，還是有些困難……。你覺得我們可以跨越語言的藩籬嗎？又能夠真正帶給他們什麼呢？」達南傑和我們是老夥伴了，熟知我們的運作模式。

「兩年多前第一次遇見你們，我就說過你們不一樣，你們是用一整個志工群體，去創造出影響的效果。而以我個人的觀察，街友非常需要你們這種群策群力的示範團體。」

當達南傑說出口，我就知道這合作計畫絕不是一時興起，肯定已經在他心中醞釀好一段時日了。

「你們去看到那邊的環境，覺得很可怕吧！」

「嗯。」無言的默認。

「能不能轉個彎想想看，環境，是你『獲得』的，還是，你『創造』的？你不能怪他們不注重環境衛生，因爲從前的他們，連之後自己要住在哪裡都無法預測，但，現在我們幫他們爭取到了可以永久居住的環境，他們還要用以前的方式過活嗎？女人比較不容易找到工作，所以，第一個你們可以做的事，就是來教收容所的那些女人，如何維持環境衛生。」

「哇，好難，這是要很深層的觀念改變耶！」

「對，很難，但我看過，你們可以把複雜的概念變得很簡單，例如用圖畫、用戲劇等活潑的方式去表現。而且你們自己身體力行的方式，他們都會看在眼裡，無形之中就是一種很好的潛移默化。他們必須要懂得先把自己的生活環境弄好，生活才可能漸漸有品質。六百多人，你們就先從婦女著手。」

隱約可以想像那幅畫面。我們一起刷洗那滿是髒污的地板，用一桶又一桶的水，把那黏在地面角落縫隙的黑垢沖出房子之外，就像把生命裡那些曾經遇到過的骯髒醜陋都洗刷掉，清清爽爽的重新開始。

「第二，你們要用你們的團隊做最好的例子，讓他們知道一個志工的力量很小，但當大家一起努力就可以完成很多事，教這群女人看見團結的力量。」

「他們不團結嗎？為什麼？」

「因為競爭啊。試著去想，非營利組織可以給的資源就是這麼多，譬如說只捐了一件衣服，那要給哪家的孩子？大家只能拼命去搶。那種由於匱乏而產生的競爭，嚴重的分化了他們。你們今天有看到他們做小雨傘嗎？」

「有。」

「你知道他們原料是各買各的嗎？」

「為什麼！？」

「是啊，連你們都會問為什麼。他們明明就在做一樣的東西，而且大量採購就可以降低成本，確實分工就可以提高效率，都是很簡單的道理，但他們卻不了解合作可以帶來的好處。他們住在一起，但就像一盤散沙。我們可以一次一次慢慢的說服一些人，但效果太慢了，總會有一些人反對，或是有人到最後關頭就反悔……。」

「可能是缺乏成功的經驗吧！他們要親眼看到合作的力量，才有可能改變想法。」我說。

「是的，而我覺得這由你們的志工來做，是再適合不過了。」達南傑露出會心的一笑。「如果你們願意，還可以做得更深。例如，當他們彼此有足夠的信任且夠團結時，教他們如何訂定一致的目標，並且可以分工或輪班。當有些婦女在做雨傘的時候，其他的可以幫忙照顧小孩、打掃或煮飯，將生活步上正軌，而他們也會因此感覺到自己是有力量的。」

「聽起來好棒！」這就是願景吧，所謂的看到未來的能力。

「能夠團結並且找到力量之後，將可以改變更多事情。你們甚至可以趁男人去工作的時候，教他們如何反擊男人！」

「什麼！？」我和雨樵異口同聲。

「你知道，很多男人喝醉後會打女人，爲什麼？其實只是在展示自己的權威罷了，而女人由於身體和地位上的弱勢，只會默默承受。若女人們能團結在一起，當他們看到某家的婦女被打時，可以召集其他人一起去反擊，讓男人們知道這樣做是錯的，而且更重要的，是會被懲罰的。」

「達南傑對我們的期待好高喔，這可能需要好多好多次的累積才能看見成效。」雨樵用中文悄悄跟我說。

是啊，不過，我卻覺得熱血沸騰。

「至於服務孩子的部分，我想就不用我多說了吧。這一塊，你們一直做得很好。」達南傑還徘徊在他的思路裡。

「先乾一杯吧。」我說。爲即將而來的挑戰乾杯。

「大家乾杯！」

後記——魔術方塊

忘記是什麼時候誰送給我的禮物了，魔術方塊靜靜躺在桌上的角落，很久沒有注意到它，它就只是個很遙遠的存在。但當對它有了欲望，才又和我的生活重新建立起關聯。到印度前，想起：「也許帶去，可以趁空閒時好好來研究一下。」很靈機一動的想法，於是把它丟進背包裡，上路。

出國服務的日子裡，時不時便將魔術方塊拿在手上把玩。一開始感覺像在亂槍打鳥，後來慢慢抓到訣竅，知道轉一步，腦子裡就要推算到對後面好幾步的影響，於是開始漸入佳境。但當只剩下最後一面，卻怎麼都不能把顏色對齊，試了好多天還是沒辦法成功。正開始意興闌珊的時候，同隊的夥伴東尼問我還玩不玩，我說：「遇到瓶頸了，想暫時放棄一下。」於是他興致高昂的表示想借去玩玩看。交到他手裡前，我把方塊轉回五顏六色雜七雜八的樣子，好讓他可以從頭摸索。

好不容易可以暫時擺脫那糾結在心，令人眼花撩亂頭腦打結的魔術方塊，卻突然有一種領悟。

來到印度好幾次了，每一次，我像個旅人一樣，享受著莫大的自由，去體驗和感受在當地發生的一切。但事實上，我一直都不只是個旅人，我很清楚自己的角色。

世界的複雜程度，若要簡單的形體化，可以想像成是一個魔術方塊，輕輕一轉，就有好多種變化，每個面向各自有其組成方式，需要從不同的面向觀察和了解。而紛亂無比的印度，更像是一個超級多層次的魔術方塊，問題盤根錯節。

旅人是自由的，他們來體驗印度，就只是體驗而已，就像小朋友好奇的將魔術方塊轉來轉去，受花俏的顏色變化所吸引。沒有固定的模式，他們愛怎麼轉動方塊就怎麼轉，那些奇妙的顏色組合自然展現，或許美麗，或許對他們各自有特殊的意義。

而志工，是將苦難往身上揹的人，他們有期待，在環境中採取積極主動的角色。他們知道，他們的行動，牽一髮而動全身，若要讓每一面的顏色回歸整齊，他們要更認真的去觀察和研究現象，思考前後因果關係，並且每次轉動都是一個嘗試，要心心念念不斷惦記著，這是不是走向終點正確的路。

我是一個志工，就像是一個想把魔術方塊轉回原位的人。好希望自己的投入，能夠幫助世界往更美善的方向行動，於是一直有著一份特殊的自覺和自省。

有企圖心是很辛苦的，但對志工而言那是一份道德責任。不是每個人都對拼魔術方塊有興趣，也許對許多人來說，那是一種偏執。同理可證，不是每個人都對當志工有興趣，若是更深入志工的本質去看的話，會發現那是一個很沉重的角色，我是這麼想的。

當志工必須面對色塊散落無比的魔術方塊，常常第一個感受到的，是無力。他們最初只能先認識問題、嘗試方法，但成功卻不可能一蹴可及，畢竟，玩魔術方塊並不容易，需要腦力、專注力及耐力。

但即使如此，我也深知，旅人和志工是難以分隔的。志工身上的包袱，讓人隨時都想卸下並退回旅人的角色，就像隨時都會想放棄不玩的心情一樣。

進服務據點前和離開服務據點後，我們短暫休憩的旅館位在德里火車站附近的鬧區，大街上有家特別高級所費不貲的飯店，裡面來往的都是金髮碧眼的外國人或是有錢的印度人。一天，帶隊的搭檔雨樵提議我們去它附設的餐廳吃吃看，他說：「我想體驗從高級的窗戶內往外看到底是什麼感覺。」

佈置的就像西式餐廳一般，早餐是自助式的吐司、奶油、咖啡、燕麥，雖然也有一些印度式的小點，不過好像只是點綴式敷衍的告訴你，「這裡是印度」而已。

餐廳裡有一大塊對外的落地窗，擦的光可鑑人，一派英式的悠閒，讓旅人可以欣賞窗外的景色，我們立刻選擇靠窗的位子。坐在冷氣房內，享受著服務生的服務，窗外的景色，卻盡是後勁強烈的對比。那窗外的巷子，徹底展現印度的風貌，我像是坐在一個保護膜裡，隔絕於另一個世界。外頭是覆滿黃塵的建築物，其中一棟殘破的被綠色帆布遮住，不知道是沒錢蓋完，還是發生過事故。路旁，收垃圾的男子徒手撿起小板車上各種骯髒的垃圾做分類，沒戴任何手套保護。緊鄰著垃圾車的，是擠滿人潮、熱氣蒸騰的奶茶攤，以及擺滿各色香料的檳榔攤，沒有人在乎身邊有一堆垃圾。修路的工人揮汗如雨，人力車上的司機還在打盹，嘟嘟車橫衝直撞，到處停在路人身邊問：「坐車嗎？」那保護膜外的真實，沒有一點浪漫，有的只是忙碌、生存、嘈雜。

看著隔壁桌有錢的年輕印度人肆意的把食物裝滿整盤，吐司疊得恨天高，兩隻眼睛專注的盯著iphone畫面不肯離開，吃飽了卻沒吃完，東西浪費的還剩下一大堆。拿出信用卡簽單付帳，帶著女朋友瀟灑的離開。他的目光，從不曾向窗外望一眼。

「人啊，要怎麼關閉或轉換內心的狀態都很容易，自然的會想讓自己舒服。」想起外頭悶熱空氣中潮濕黏膩的不確定感，身體發出對餐廳裡涼爽乾燥的眷戀不捨，這才又再一次的抽離自己，感受到當旅人和志工的差異。

身旁的旅人們，窩在舒適的環境，安逸的享受著晨間的美好時光，不受外在攪擾。而我，帶著志工的自覺，冷眼旁觀這一切，其實深怕自己也一個不小心就變得懶散，轉回遊樂心態，把眼光和焦點著重自己的需求身上，只想著逛景點買東西吃東西。

所以「旅人好當、志工難爲」，志工不是一個身分，而是一種心態。我既是旅人，更是志工。即使微小，但時時刻刻，我仍這樣提醒自己。

幾天後，東尼還給我六面顏色都對齊好的魔術方塊，說：「我終於研究出方法了！」我頓時眼睛一亮，心頭一酸，感到，就是這份執著吧，我們需要這樣有同樣信念和執著的志工，與我們同一陣線，相信堅持就會有所改變。

「那快點教我吧！」我從未停止和你們一起學習成長的想望。

Fully loaded mobiles.
Fortune
AXIS
FREE
GNITT
COMPUTER EDUCATION
FREE
TRAINING
XEROX
BEST
Idea

School

國家圖書館出版品預行編目（CIP）資料

追尋角落的微光／程敏淑著．-- 二版．
-- 新北市：木馬文化出版：遠足文化
發行，2020.03
面；　公分
ISBN 978-986-359-763-6（平裝）
1. 文化 2. 報導文學 3. 印度

737.08　　108023313

追尋角落的微光

作者　程敏淑
編輯　李欣蓉
木馬文化社長　陳蕙慧
副總編輯　李欣蓉
行銷部　尹子麟、姚立儷、陳雅雯、洪啟軒
讀書共和國社長　郭重興
發行人兼出版總監　曾大福
出版　木馬文化事業股份有限公司
發行　遠足文化事業股份有限公司
地址　23141 新北市新店區民權路 108-3 號 8 樓
電話　(02)22181417
傳真　(02)22188057
郵撥帳號　19588272 木馬文化事業股份有限公司
法律顧問　華洋國際專利商標事務所　蘇文生律師
印　　刷　成陽印刷股份有限公司
二　　版　2020 年 03 月
定　　價　320 元